covadonga

The whole world's a racecourse

Andreas Beune

RENNFAHRERBLUT IST KEINE BUTTERMILCH

Das Buch der Radsportzitate

Andreas Beune
Rennfahrerblut ist keine Buttermilch.
Das Buch der Radsportzitate.

Covadonga Verlag, Bielefeld
1. Auflage, 2003
ISBN 3-936973-07-5

Covadonga ist der Verlag für Radsportliebhaber. In unserem Programm finden Sie Romane, Biografien, Sachbücher und Geschichtensammlungen rund ums Velo. Stets im Mittelpunkt: die großen Rennen und ihre Akteure.

Besuchen Sie uns im Internet unter www.covadonga.de oder bestellen Sie unseren Verlagsprospekt: Covadonga Verlag, Friedrichstr. 25, 33615 Bielefeld

Inhalt

Prolog

Es sind nicht nur Waden und Oberschenkel: Radfahrer beweisen auch mit ihrem Mundwerk, dass sie eine ganz besondere Brut sind. Der Umgangston im Peloton ist oft ein mehr als derber. Fünf, sechs Stunden im Rennsattel bieten den Herren Profis genügend Zeit, um etwas Zitier- und sogar Druckfähiges auszuhecken. Andererseits haben sie nicht so viel Zeit wie andere Sportler, ihre Gedanken der Öffentlichkeit mitzuteilen. Um es mit Jan Ullrich zu sagen: »Man darf das nicht mit anderen Sportarten verwechseln, die sehr viel Freizeit lassen und nur drei Stunden Training am Tag verlangen. Da kann man von morgens bis abends Interviews geben.«

Diese Mixtur aus überschüssiger und mangelnder Zeit hat oft Erstaunliches hervorgebracht. Bonmots und Weisheiten, Beschimpfungen und Euphorisches. Die Campionissimi haben sich ebenso zu Wort gemeldet wie die Domestiken. Die einen geben ihre Erfolgsgeheimnisse preis, die anderen gewähren Einblicke in ihr Seelenleben. Ob es nun um die großen Rundfahrten oder die kleinen Sünden geht, um Sprinterbeine oder Bergankünfte, um Rivalität, Leiden oder Doping – der Radsportalltag ist so facettenreich, wie der Anstieg zu den Lagos de Covadonga giftig ist. Mal äußern sich die Protagonisten mit einer gehörigen Portion Pathos, mal mit einem Augenzwinkern, mal freiwillig, mal unfreiwillig komisch.

Und es gibt und gab nicht nur Stimmen aus dem Fahrerfeld. Auch sportliche Leiter, Reporter, Kommentatoren oder Schriftsteller haben ihren Teil dazu beigetragen, den Fundus an Radsportzitaten zu mehren. Diesen Schatz zu bergen, ist das Anliegen dieses Buches. »Rennfahrerblut ist keine Buttermilch« möchte den Radsport abbilden. Seine Geschichte und seine Geschichten. Dass dabei auch die ein oder andere Lücke zu finden ist, liegt in der Natur der Sache. Denn schließlich muss ein jedes Buch sein Ende finden. Doch noch befinden wir uns ja ganz am Anfang. In diesem Sinne: Vorhang auf für den Radsport und seine wortgewaltigsten Protagonisten.

Alles Masochisten

»Am Berg kann es Momente geben, in denen ich sogar Pfützen austrinken würde, nur um Flüssigkeit zu bekommen.« Sprinter wie Erik Zabel leiden im Hochgebirge besonders ausgiebig. Doch Schmerzen und Qualen zählen zum Einmaleins des Radsports. Mal vergießt das Peloton Schweißtropfen, die ein Hochwasser auslösen könnten, mal kläfft und knurrt der innere Schweinehund eines abgehängten Fahrers so laut, dass sich Beobachter kopfschüttelnd fragen, warum sich Menschen diesen Strapazen überhaupt aussetzen.

Dass Radsportler eine besonders schmerzresistente Spezies sind, beweist auch das Beispiel von Juan Carlos Guillamon. Der spanische Straßenmeister von 2002 hat sich ein neues Betätigungsfeld ausgesucht, das nicht minder suspekt ist als belgisches Kopfstein-pflaster. Er zählt zu den 100 letzten Kandidaten der Fernseh-Talent-show »*Operacion Triunfo*« – dem spanischen Pendant zu »Deutsch-land sucht den Superstar«.

»Wenn ich gewinne, werde ich mit dem Radsport aufhören. *Ciclismo* ist ein sehr hartes Metier«, erklärt Guillamon. Musik hingegen sei seine große Leidenschaft, daher träume er jeden Tag davon, Sänger zu werden.

Sollte Guillamon tatsächlich vom Rad ab- und zum Superstar aufsteigen, warten neue Herausforderungen auf ihn. Qualvolle Herausforderungen. Sein Namenszug prangt dann nicht mehr auf Straßen, sondern auf Tausenden von Liebesbriefen aus der Feder zahnspangenbehangener Heranwachsender. Die neuen Sprintgegner tragen keine ONCE- oder Euskatel-Trikots, sondern Presseausweise, die sie als Vertreter der Boulevardmedien auszeichnen. Und statt einer strengen Radfahrer-Diät mit 9.000 Kalorien am Tag stehen Möhrensaft und Knäckebrot auf dem Zettel, damit er bei seinen Auftritten nicht so schwitzt. Vielleicht will Juan Carlos Guillamon spätestens dann wieder im Sattel sitzen, Schweißperlen vergießen und seinen Durst stillen. Es muss ja keine Pfütze sein.

Wenn man das alles mit einem Hund machen würde, würde der Tierschutzverein eingreifen, aber wir sind ja nur Rennfahrer.

Rolf Järmann

Wenn du die Tour de France so liebst wie ich,
hängst du dich rein bis zum Tod.

Greg LeMond

Radrennen ist Hochleistungssport für Denker und verlangt Männer,
die bereit sind, ihre Schmerzen zu überwinden.

Greg LeMond

Das Vermögen, gegen sich selber zu fahren, macht den Unterschied.
Die Fähigkeit, an sein Limit zu gehen, weil man Lust dabei verspürt.

Miguel Indurain

Ich möchte nicht auf dem Rad sterben. Ich höre lieber vorher auf.

Jacques Anquetil

Während der Tour de France war ich schon froh, wenn ich nach
dem Abendessen noch atmen konnte.

Gerben Karstens

Das Beste daran, mit der Spitzengruppe ins Ziel zu kommen, ist die
Tatsache, dass das Leiden früher ein Ende hat.

Miguel Indurain

Im Alter von sieben Jahren habe ich jeden Tag trainiert.

Bjarne Riis

Als ich hörte, dass Bubka täglich fünf Stunden für eine Anspannung
von zwei Sekunden trainiert, dachte ich: Wie lang muss ein
Radfahrer dann wohl trainieren?

Roger de Vlaeminck

Quäl' dich, du Sau.

Udo Bölts zu Jan Ullrich bei der Tour de France 1997

Beiß die Zähne zusammen und iss einen Reiskuchen.

Herbert Sieronski zu Kurt Stöpel bei der Tour de France 1932

Die Zeiten haben sich geändert.
Wenn ein sportlicher Leiter seinen Fahrern früher befohlen hat,
Gras zu fressen, dann fraßen sie auch Gras.
Heute würden sie sagen: »Mach das erst mal vor!«

Patrick Lefevere

Früher fuhren die Radrennfahrer mit Eiterbeulen zwischen Sack und
Anus. Heute tragen sie Sonnenbrillen und Schweißbändchen.

Hugo Camps

Ich komme aus der alten Radsportschule, als es noch hieß:
Je mehr es weh tut, desto besser.

Jörg Müller

Kein Tier würde sich so quälen, wie ich es heute getan habe.

Henry Anglade

Der Schlüssel ist die Fähigkeit, dem Schmerz psychologisch Stand zu
halten. Wenn du nicht gut fährst, denkst du: Warum soll ich leiden?
Warum soll ich mich vier, fünf Stunden quälen?

Greg LeMond

Leiden ist eine Kunst.

Tim Krabbé

Was soll ich klagen? Für eine sitzende Bürotätigkeit hätte mich der
Arzt bei dieser Verletzung ja auch nicht krank geschrieben.

Rolf Aldag

Schmerz ist Schwäche, die den Körper verlässt.

Hugo Camps

Der Schmerz ist eine große, fette Kreatur,
die dir stets im Nacken sitzt. Je härter du in die Pedale trittst,
desto enger quetscht sie deinen Brustkorb zusammen.
Je steiler der Anstieg wird, desto tiefer gräbt sie dir
ihre scharfen Klauen in die Muskeln.

Scott Martin

Hinten fahren tut genauso weh, wie vorn fahren.

Jens Voigt

Nach dem Ziel verwandelt sich all das Leiden plötzlich in Genuss.
Und je mehr du gelitten hast, desto größer ist jetzt die Freude.

Tim Krabbé

Der Zielstrich war eine Erlösung. Ich bin fast tot.
Mein Körper macht mittlerweile, was er will.
Im Ziel habe ich geheult, einfach so – keine Ahnung warum.

Jörg Ludewig

Es ist paradox: Du sitzt bei 43 Grad Gluthitze im Sattel und wünscht
dir eine nasse Abkühlung – und dann musst du bei Dauerregen an
den Start und sehnst dir Sonne herbei.

Jörg Ludewig

Heute war die Hölle. Der Ruhetag hat mir überhaupt nicht gut
getan. Ich habe alles gehasst, die Tour, das Radfahren, mein Leben.

Jens Voigt

Dreißig Kilometer vor dem Ziel fühlte ich mich
wie eine ausgelutschte Tomate.

Gilbert Duclos-Lasalle

Ich füllte meine Trikottaschen, aß und betete,
dass ich durch den Tag komme, ohne Schielaugen zu bekommen,
aus dem Mund zu sabbern und Soda-Drinks
von vorbeikommenden Kindern zu stehlen.

Bradley McGee

Greg LeMond litt an Durchfallattacken.
Dreißig Kilometer vor dem Ziel tauchte er neben mir auf,
umgeben von seinen Domestiken, die ihn nach vorne fahren sollten.
Mein Gott, war das ein fürchterlicher Gestank!
Die Scheiße lief an seinen Beinen runter.

Paul Kimmage

Schon am Ende der ersten Etappe brennt deine Lunge
wie Feuer und deine Beine fühlen sich an,
als hätte man sie in geschmolzenen Teer getaucht.

Greg LeMond

Ich kann nicht mitansehen, wie der Udo sich abquält.

Maria Bölts

Selbst wenn ich völlig am Ende bin, merkt es niemand.

Stephen Roche

Ich zeige anderen meine Erschöpfung nicht,
aber Radrennen ohne Leiden gibt es nicht.

Miguel Indurain

Im Radsport wirst du bezahlt, dass du anderen Leuten wehtust.

Jens Voigt

Ich vermisse bei der heutigen Generation ein wenig den Spaß,
den wir früher daran hatten, einander Schmerzen zu bereiten.

Willy Schroeders

Wenn du schon nicht gewinnen kannst, dann musst du wenigstens den Fahrer vor dir zwingen, den Rekord zu brechen.

Eddy Merckx

Der Profiradsport gleicht einem Rattenrennen. Aber das ist mir schon ganz recht, solange ich eine der besten Ratten bin.

Tom Simpson

Du musst die Fähigkeit haben, zu leiden. Schmerzen auszuhalten. Mit dem Gefühl fertig zu werden, dass dir deine Gliedmaßen herausgerissen werden. Es reicht nicht, nur ein starker Junge auf dem Rad zu sein.

Stephen Roche

Ohne Schmerz konnte Charly Gaul nichts: Schmerz war sein Motor.

Tim Krabbé

Daddy lässt sie leiden. Immer, wenn es in die Berge geht.

Luke Armstrong

Die Politiker müssten mal alle zusammen ein schweres Radrennen fahren. Sie müssten Durst, Hunger und Schmerzen spüren. Erst dann würden sie ein Solidaritätsgefühl entwickeln und viele Dinge anders sehen.

»Täve« Schur

Vier Jahre lang war ich die erfolgreichste Radsportlerin der Welt. Die unglücklichste Zeit meines Lebens. Ich wollte nicht länger ein vorprogrammierter Computer sein.

Leontien van Moorsel

Ach Alex, bei den Blinden von ONCE hast du angefangen, bei den Schwerhörigen von Phonak hörst du auf.

Vicente Garcia Acosta zu Alex Zülle

Wenn wir mit der Bahn von Rennen zu Rennen gefahren sind,
saßen wir immer in der dritten Klasse.
Aber auch nur, weil es keine vierte gab.

Ferdy Kübler

Ich für meinen Teil liebe den Fußball. Dort gibt es keine
Regenjacken, keine Verfolgungsjagden auf Ausreißer,
keine Stürze auf rutschigen Abfahrten. Ein Spiel dauert
gerade einmal anderthalb Stunden, und sie spielen
nur einmal in der Woche.

Wladimir Belli

Wenn du zehn Jahre Profi warst, so viel gesehen hast und so viel
gelitten, dann wirst du auch mit dem Rest des Lebens fertig.

Bernard Vallet

Setzt mich wieder auf mein verdammtes Rad.

Die letzten Worte von Tom Simpson

Erfolgsgeheimnisse

»Vor jeder Saison gehe ich in die Basilika von Padua und bete für ein erfolgreiches Jahr.« Der Italiener Davide Rebellin vertraut himmlischen Mächten. Konsequent. Sein stetiger Begleiter ist ein kleiner Anhänger der Heiligen Antonia von Padua.

Der Holländer Michael Boogerd hingegen schwört eher auf irdische Glücksbringer. An seinem Halsband baumelt ein Talisman, der neben einem vierblättrigen Kleeblatt, das ihm die Mutter seiner Freundin 1994 zu seiner ersten Tour de France schenkte, auch noch seinen ersten Milchzahn enthält. Auch Marc Madiot, als erfolgreicher Exprofi heute Sportdirektor von La Française des Jeux, hat stets ein vierblättriges Kleeblatt in der Tasche.

Jeder Radsportler kennt sein ganz individuelles Erfolgsgeheimnis. Ob es nun wissenschaftlich angeleitetes Höhentraining, ausgeklügelt exzessive Ernährung, ausgeprägter Masochismus oder eben der unerschütterliche Glaube an Glücksbringer ist: Das Spektrum ist breit gefächert. Manche dieser Erfolgsfaktoren lassen sich beeinflussen, andere sind in Demut dem Schicksal ergeben.

Selbst der talentierteste und austrainierteste Fahrer ist ohne die richtige Renntaktik, ohne die Unterstützung seiner Mannschaft aufgeschmissen. Und dann benötigt er auch noch das berühmte Quäntchen Glück: das Glück, beim Sprint zur richtigen Zeit am richtigen Hinterrad zu sitzen, oder das Glück, vom Massensturz verschont zu bleiben. Sich einmal in der Abfahrt verbremsen – und schon ist die dreiwöchige Rundfahrt vorbei. Vielleicht ist das ja der Grund, warum sich Radprofis mit persönlichen Glücksbringern ausstatten.

Doch eines ist klar: Es gibt erfolgsversprechendere Methoden als ein vierblättriges Kleeblatt. Da kann ein Radfahrer mit Sprinteroberschenkeln noch so viel Unkraut und Blümchen in seinen Trikottaschen verstauen – auf Bergetappen ist sein Kontrahent auch weiterhin nicht der ausgewiesene Kletterspezialist, sondern das Zeitlimit.

»Die Tour de France wird
im Bett gewonnen.«
Antonin Magne

Ich gewinne, weil ich mich am meisten quälen kann.
Eddy Merckx

Du musst lernen, bis zum Zusammenbruch zu fahren.
Und niemals darfst du irgendjemandem vertrauen.
Greg LeMond

Ich bin sehr abergläubisch,
deshalb bekreuzige ich mich auch vor jedem Start.
Jan Ullrich

Gott ist mein bester Mannschaftskamerad.
Udo Bölts

Vor der Tour war ich bei der Jungfrau von Umbe, dort gibt es einen
kleinen Fluss. Darin habe ich gebadet. Das hat mir geholfen.
Javier Otxoa

Ich glaube, der liebe Gott hat Wichtigeres zu tun, als sich um die
Übersetzungen von Rennrädern zu kümmern.
Fausto Coppi

Gute Radfahrer haben einen großen Adamsapfel.
»Moncho« Moliner

Wie der ideale Radprofi aussieht?
Man nehme die Beine von Merckx, den Kopf von Merckx,
die Muskeln von Merckx, das Herz von Merckx
und den Siegeswillen von Merckx.
Jacques Anquetil

Ein Radrennfahrer muss seinen Hintern
besser pflegen als sein Gesicht.
Rudi Altig

Motivation alleine bringt dich nicht weit,
wenn du keine guten Beine hast.

Lance Armstrong

Im Radsport ist gute Moral stets das Resultat guter Beine.

Sean Yates

Meine beiden besten Freunde sind meine Beine.

Maurizio Fondriest

Ich hatte das Glück, mir im Frühjahr ein Schlüsselbein zu brechen.

Joop Zoetemelk zu seinem Toursieg 1980

Ohne Glück geht gar nichts. Du kannst die besten Beine
im Feld haben und trotzdem hinten landen.

Erik Zabel

Im Winter gewinnt man, nicht im Sommer.

Bernard Hinault

Meine Form kommt immer erst, wenn es heiß wird.

Jan Ullrich

Gewinnen ist eine Frage der physischen Kondition:
Je besser ich fuhr, umso mehr aß ich. Und umgekehrt.

Charly Gaul

Radsport ist: Zweihundert Mann fahren los, und einer kommt als
Erster an. Das muss nicht der Stärkste sein. Wenn es so wäre,
könnten wir auch Eisschnelllauf machen.

Erik Zabel

Ich habe keine Hobbys.

Udo Bölts

Um die Tour zu gewinnen, habe ich auf alles verzichtet.
Auch auf die Klassiker.

Jacques Anquetil

Vor dem Einschlafen an das Rennen zu denken, ist fatal.
Denn dann wachst du am nächsten Morgen mit dem Gefühl auf,
die ganze Nacht Rad gefahren zu sein.

Pedro Delgado

Ich bin nicht einmal sicher, welche Herzfrequenz ich
bei Zeitfahren normalerweise habe. Ich fahre einfach so,
wie sich meine Beine anfühlen.

Ivan Gotti

Ich habe mir geschworen, einfach nicht zu altern.

Danny Clark

Alter und Tücke besiegen Jugend und Können.

Fausto Coppi

Das echte Rennen findet nicht auf heißen asphaltierten Straßen,
nicht im Gelände, nicht auf der glatten Oberfläche der Rennbahn
statt. Es entscheidet sich in den elektrochemischen Bahnen in
deinem Gehirn.

Alexi Grewal

Physische Stärke ist die Grundlage. Körper, Beine und Muskeln
müssen fit sein. Aber wir sitzen Stunden um Stunden im Sattel. Also
brauchen wir auch eine gewisse Vorstellungsgabe. Intelligenz und
Ruhe. Mentale Kontrolle. Selbstbeherrschung.

Felice Gimondi

Ehrgeiz kann man nicht trainieren.

Erik Zabel

Wenn sich Rudi Altig wirklich auf einen Sieg konzentriert hat,
dann hat er auch gewonnen.

Raymond Poulidor

Mein Sport ist wie Schach auf dem Fahrrad. Über Sieg und Platz
entscheiden langfristige Planung und Strategie – kurz: der Kopf.

Greg LeMond

Folge dem Mann, der vor dir fährt, und du wirst immer Zweiter.

Chris Boardman

Wenn du unterwegs nicht dreimal stirbst,
kannst du kein Radrennen gewinnen.

Gregor Braun

Was einen guten Fahrer ausmacht, ist die Fähigkeit,
sich selbst in Grund und Boden zu fahren.

Tom Simpson

Als erstes habe ich das Wort »Stress«
aus meinem Vokabular gestrichen.

Andrei Tchmil

Je mehr du im Training schwitzt,
desto weniger musst du im Wettkampf bluten.

Hugo Camps

Als Radprofi musst du eben etwas bescheuert sein. Ich muss
sechs Stunden im Regen trainieren können und danach sagen:
»Gut gemacht, Junge, die anderen waren heute auf der Couch.«

Udo Bölts

Ich bin ein Cycloholic.

Claudio Chiappucci

Nach dem Training müssen die Beine so voller Säure sein, dass sie auch beim Laufen schmerzen. Nur so kann die Hochform kommen.

Rolf Järmann

Fahr im Training so viel oder wenig, wie du willst. Aber fahr.

Eddy Merckx

Als Jungprofi habe ich mich nicht auf Ausdauertraining allein verlassen. Ich bin auch bis zu zwanzig Mal am Tag die Treppen hochgerannt.

Gino Bartali

Bei der Tour de France wird man nur belohnt, wenn man freundlich ist. Was ist das nur für ein Larifari? Ein echter Rennfahrer ist nicht freundlich, der ist unerbitterlich.

Raphael Géminiani

Die Tour wird im Bett gewonnen.

Fiorenzo Magni

Nachts ist es die Hölle.

Jan Ullrich über die Tour

Je länger ich im Radsport dabei bin, desto weniger verstehe ich davon. Die Taktik, die gewisse Mannschaften haben, ist mir ein Buch mit sieben Siegeln. Früher kapierte ich diese Sachen noch, aber heute? Bin ich dümmer geworden oder der Radsport komplizierter? Wahrscheinlich wissen diese Mannschaften selber nicht, was sie machen sollen.

Rolf Järmann

Fahrer wie Freddy Maertens hätten viel länger in der Spitze bleiben können. Leider hat er die Kerze an beiden Enden angezündet.

Raphael Géminiani

Ob ich einen Rat für Jan Ullrich habe?
Klar. Nicht abheben, auf richtige Berater achten,
keine Sechstage-Rennen fahren.

Dietrich Thurau

Mit Talent kommst du bei uns nicht weit.
Jetzt brauchst du Charakter.

Olaf Ludwig 1995 zu Jan Ullrich

Wenn du Kritik vermeiden willst:
Tu' nichts, sag' nichts, zeig' nichts.

Stephen Roche

Mein größter Erfolg war die Hochzeit mit Claudine.

Eddy Merckx

Der beste Sportdirektor ist die eigene Mutter.

Eddy Merckx

Am Radsport fasziniert mich besonders,
dass man auch ohne großes Talent Erfolg haben kann.

Udo Bölts

Die Campionissimi

»Die echten Champions haben das einfach drin. Wenn die den Teufelslappen sehen, werden die plötzlich zu anderen Menschen. Denen ist dann alles andere einfach egal: Tod, Sieg oder nix«, hat Udo Bölts einmal über die Granden des Radsports gesagt.

Der Radsport ist ein großer Zirkus. Ein Zirkus mit zahlreichen Akrobaten, die Tollkühnes auf zwei Rädern vollbringen. Die ihren Gefahrensinn bei waghalsigen Abfahrten einfach ausknipsen, die ihre Schmerzgrenzen im Hochgebirge ignorieren oder sich beim Einzelzeitfahren von ihren sportlichen Leitern permanent anbrüllen lassen: »*Venga, venga, venga!!!*«

Einige dieser Radartisten haben es sich in den Geschichtsbüchern bequem gemacht. Weil sie bei den mehrwöchigen Rundfahrten alle hinter sich gelassen haben. Weil sie legendäre Eintagesrennen gewonnen haben. Es sind Namen wie Anquetil, Coppi, Merckx, Hinault, Indurain oder Armstrong, die uns dazu animieren, mit der Zunge zu schnalzen oder uns seltsame Beinamen für die gigantischsten unter den Giganten der Landstraßen auszudenken. Merckx hat wegen seines unstillbaren Siegesappetits den Spitznamen »Kannibale« abbekommen, Hinault war der angriffslustige »Dachs« und Indurain galt als »Außerirdischer«, weil er die Konkurrenz stets, ohne mit der Wimper zu zucken, deutlich zu distanzieren wusste.

Im Wettbewerb der Medien um die eindrucksvollsten Charakterisierungen war kein Vergleich zu gering – ob nun »Sonnenkönig«, »Marsmensch« oder »Gott«. Kein Wunder, dass sich selbst dessen Stellvertreter auf Erden, der Papst, den *Campionissimi* nicht entziehen konnte. Ihm schenkte einst Miguel Indurain bei einer Generalaudienz neben Gelben Trikots auch ein Fahrrad. »Für Ausflüge in die Berge«, wie der spanische Katholik betonte. Was für eine Vorstellung. Der Papst auf einem Rennrad den Mont Ventoux hinauffahrend. Wie er wohl reagiert, wenn er kurz vor dem Ziel den Teufelslappen erspäht?

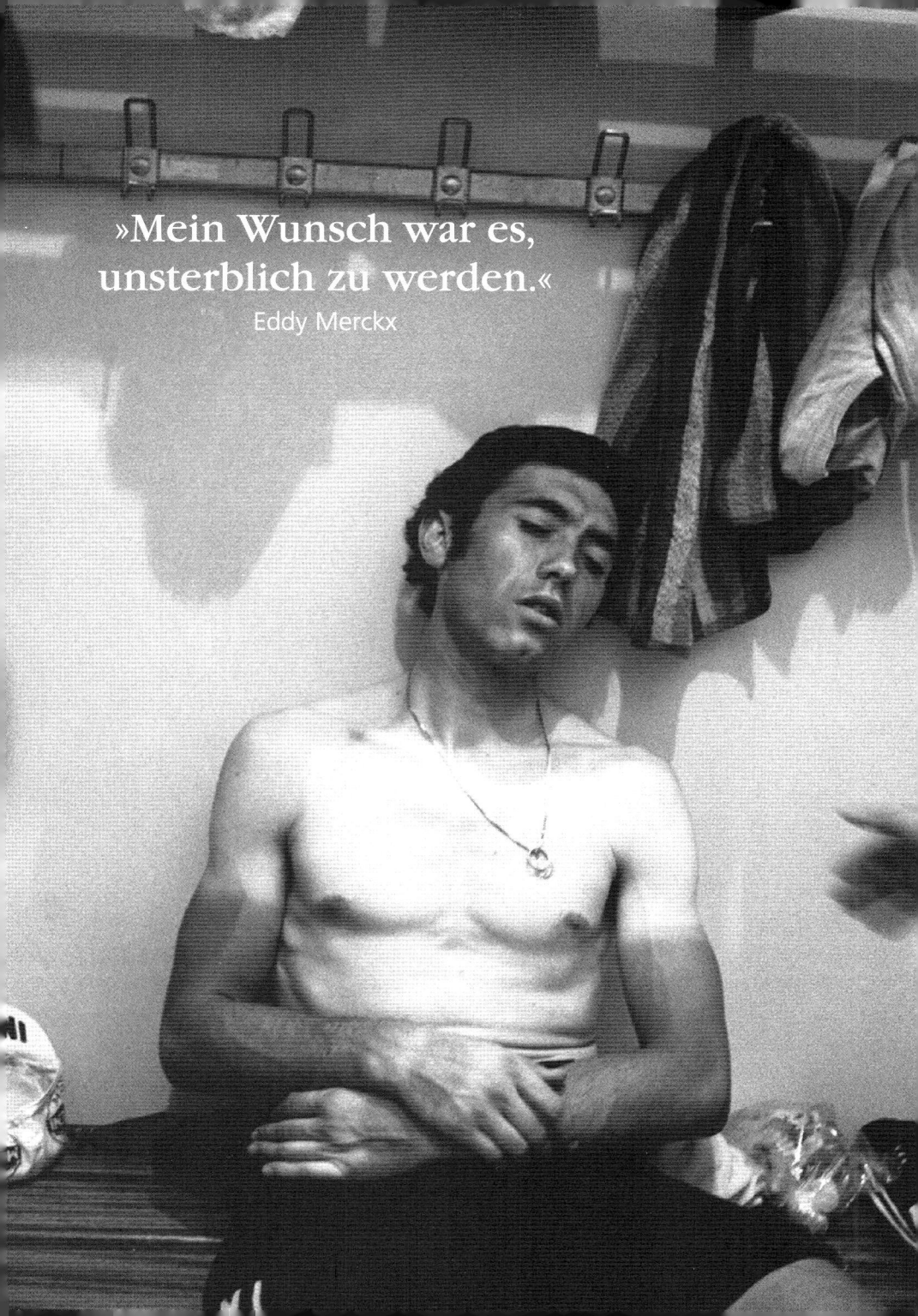

»Mein Wunsch war es,
unsterblich zu werden.«
Eddy Merckx

Ich dürfte einem Alfredo Binda gerade mal die Schuhe putzen.

Mario Cipollini

Aus dem Schneesturm, aus Wasser und Eis stieg Bartali
majestätisch wie ein Schlamm übersäter Engel,
der unter seiner durchnässten Tunika die kostbare Seele eines
außergewöhnlichen Champions trug.

Jacques Goddet

Bartali ist ein Mann der Tradition.
Er ist ein metaphysischer, von den Engeln geschützter Mensch.
Coppi hat im Himmel keinen, der sich um ihn kümmert.
Er sitzt allein auf seinem Rad, hat keinen Engel auf der Schulter,
der mittritt.

Curzio Malaparte

Er ist ein wildes Tier, in dessen Augen wir den kriminellen Instinkt
eines Tigers erkennen können.

Felix Levitan über Fausto Coppi

Fausto Coppi war so überlegen. Wenn er eine Lücke aufriss,
dann möchtest du in einer Flugmaschine sitzen,
du holst ihn einfach nicht mehr ein.

Wim van Est

Coppi? Das ist doch kein Mensch mehr.
In diesem Mann fährt der Teufel höchstselbst.

Germaine Derijcke

Der späte Coppi ist eine wunderbare und groteske Niete,
ein müder und desillusionierter Mann, der in Selbstironie badet.
Nichts außer der Wärme einer einfachen Freundschaft
kann seine Melancholie noch durchdringen.

Pierre Chany

26

Es muss schlimm stehen um Frankreichs Radsport,
wenn ihr jetzt schon die Schwindsüchtigen starten lasst.

Fiorenzo Magni über Jacques Anquetil vor dessen erster Tourteilnahme

Vor ihm hat man sich nicht vorstellen können,
dass es einen Anquetil geben könnte.

Inschrift auf dem Grabstein von Jacques Anquetil

Wenn der Radsport eine Religion ist,
dann ist Anquetil der Antichrist.

Pierre Chany

Verbote haben mich schon als Jugendfahrer immer gereizt.
Wenn es hieß, Zigaretten seien schlecht, dann rauchte ich.
Wir sollten abends nicht mehr ausgehen? Ich zog um die Häuser.
Wenn Flirten gegen die Regeln war,
dann flirtete ich auf Teufel komm raus.

Jacques Anquetil

Anquetil ist ein zu wildes Raubtier, um ihn zu domestifizieren.

Professor Caspar

Anquetil war Stillleben, Flugzeugturbine
und Großrechner in Personalunion.

Raphael Géminiani

Über das Duell Anquetil–Poulidor könnte man eine Doktorarbeit
schreiben, die in der Feststellung gipfeln müsste, dass der
Selbstbewusste den Zweifler allemal schlägt, sogar an Tagen, an
denen er ihm physisch klar unterlegen ist.

Hans Blickensdörfer

Siehst du, Raymond, selbst im Tod bist du noch Zweiter.

Der schwerkranke Jacques Anquetil feixend zu Raymond Poulidor

27

Ich habe Mailand–San Remo, den Flèche Wallone, die Vuelta,
Paris–Nizza, die französische Meisterschaft gewonnen.
Und doch sind es nur meine zweiten Plätze bei der Tour de France,
an die sich die Menschen erinnern.

Raymond Poulidor

Ich habe gewonnen! Ich habe gewonnen!
Ich muss nicht mehr zur Schule.

Eddy Merckx nach seinem ersten Sieg

Jeden Tag bereitet Merckx die Guillotine vor
und legt unseren Kopf unter das Messer.

Raymond Poulidor

Wenn ich nur die Tour gefahren wäre,
hätte ich sie bestimmt zehnmal gewonnen.

Eddy Merckx

Überall, wo ich hinkomme, hat Eddy schon zehnmal gewonnen.

Erik Zabel

Ich war immer der Meinung, dass Merckx einfach zu wenig
Gegenwind abbekommen hat.

Rik Van Looy

Hinaults Spitzname war Dachs, was ein bisschen nach dem
Kinderbuch »Wind in den Weiden« klingt, es sei denn,
man hat mal einen Dachs in einem indizierten Video in Aktion
gegen zwei Jack-Russell-Terrier gesehen.

Tim Moore

Bernard Hinault mochte es, anderen weh zu tun. Er genoss es,
alle in Grund und Boden zu fahren.

Steve Bauer

28

Hinault ist ein Formel 1-Bolide mit Turbo,
alle anderen fahren höchstens Formel 2.

Walter Godefroot

Seit meinem Karrierende bin ich in erster Linie Landwirt,
ein ehrenwerter Bauer. Dieser Wunsch hat sich während
meiner Zeit als Radprofi entwickelt. Da bist du ja auch dauernd
an der frischen Luft und in der Natur.

Bernard Hinault

Mittendrin in der Natur, mit ein paar Kühen – mein Gott,
wie ich dieses neue Leben genieße.

Roger de Vlaeminck nach seinem Rückzug aus dem Radsport

Ich bin nicht irgendein Sieger, ich bin ein Auferstandener.

Greg LeMond

Mach deine Hausaufgaben!
Du wirst niemals Geld mit dem Radfahren verdienen!

Der Geschichtslehrer von Greg LeMond

Greg LeMond bekommt dreimal mehr Geld,
als er eigentlich verdient.

Laurent Fignon

Merckx war ein Roboter, dessen Kraft seine Gegner erniedrigt hat.
Miguel aber ist ein wahrer Lord.
Er ist großzügig und respektiert seine Gegner.

José Miguel Echávarri

Am meisten ärgere ich mich darüber, dass Gott mich genauso alt
gemacht hat wie Miguel Indurain. Er hätte es ja auch so richten
können, dass ich nur gegen seinen Bruder fahren müsste.

Gianni Bugno

»Ein Fahrer in Hoch- form kann sich alles erlauben.«
Fausto Coppi

Ich wollte, ich wäre ein Marsmensch wie Indurain.
Leider bin ich ein normaler Erdenbürger.

Claudio Chiappucci

180 Menschen und ein Außerirdischer.

Gianni Bugno zum Starterfeld der Tour de France 1992

Miguel ist kein Außerirdischer.
Er bereitet sich nur besser vor als andere. Das ist alles.

José Miguel Echávarri

Jeder erzählt mir, dass ich niemals aussehe, als würde ich leiden.
Aber wenn ich mir meine Rennen auf Video ansehe, erinnere ich
mich immer an die Schmerzen, die ich auszuhalten hatte.

Miguel Indurain

Du quälst dich, der Schweiß fließt. Du verzerrst dein Gesicht vor
Schmerz, deine Beine werden zu Klumpen. Du schaust hoch: kein
Ende in Sicht. Du schaust zu Indurain: keinerlei Regung im Gesicht.
Erst jetzt bist du total erschöpft.

Claudio Chiappucci

Das Problem ist doch, dass Indurain Indurain ist
und jeder andere nur der Rest.

Alex Zülle

Miguel ist ein absolut methodischer Mensch. Er ernährt sich, fährt,
ruht sich aus – ein Kreislauf wie bei einem Tier.

José Miguel Echávarri

Wenn ich Zweiter werden sollte, dann werde ich
später meinen Enkeln erzählen, dass ich die Tour gewonnen habe.
Indurain fährt außer Konkurrenz.

Alvaro Mejía

Es gibt Fahrer wie Miguel Indurain, die Kraft und Intelligenz haben.
Es gibt andere wie Pedro Delgado, die Intelligenz
und weniger Kraft besitzen. Und es gibt andere mit viel Kraft und
nicht so viel Intelligenz, wie Chiappucci.

José Miguel Echávarri

Sobald der Tag kommt, an dem ich spüre, dass ich nicht mehr
gewinnen kann, höre ich auf.

Miguel Indurain

Manchmal bin ich froh, wenn Indurain nicht durchs Bild fährt.
Zu ihm ist doch schon alles x-Mal gesagt.

Dr. Jürgen Emig

Ich musste Indurain fahren sehen, um es zu glauben.

Eddy Merckx

Miguel ist ein sehr guter Rennfahrer,
aber ein noch besserer Landwirt.

Miguel Indurains Vater über seinen Sohn

Miguel Indurain ist der absolut Größte – für drei Wochen im Jahr.

Mario Cipollini

In gewisser Hinsicht ist Jan Ullrich mir sehr ähnlich.
Er spricht nur Deutsch und spielt sich nie auf.

Miguel Indurain

Jan Ullrich? Det is'n Fischkopp vonne Küste.
Der macht, wat er will.

»Eule« Rutenberg

Junge, was willste denn sonst machen.

Peter Becker zu Jan Ullrichs Rücktrittsgedanken

Er ist noch zu jung, um Gott zu sein.
Aber die Menge begrüßt ihn als neuen Messias.

Le Figaro nach Jan Ullrichs Toursieg 1997

Ich hätte gern mal ein Jahr die Beine von Jan Ullrich – oder besser
den ganzen Körper und meinen Kopf oben drauf.

Jens Voigt

Jan Ullrich bräuchte den Kopf von Udo Bölts,
dann würde kein anderer ein Rennen gewinnen.

Rolf Aldag

Ich konzentriere mich aufs Sportliche, sonst geht mein Kopf kaputt.

Jan Ullrich

Jan müsste dem lieben Gott dreimal täglich danken
für seinen Körper.

Erik Zabel

Wenn Jan Ullrich neben mir steht, sind alle Kameras auf ihn
gerichtet. Wenn ich aber den Mund aufmache, wird schnell klar,
wer das Sagen hat.

BDR-Präsidentin Sylvia Schenk

Wenn Jan Ullrich so arbeiten würde wie Lance Armstrong,
hätte der Ami keine Chance.

Rudi Altig

Es hat gar keinen Sinn, einen Lance Armstrong anzugreifen.

Jens Voigt

Was hat dieser Mann nicht alles durchgemacht? Die Tour de France
ist für Armstrong noch der leichteste Kampf.

Tony Rominger

Für mich geht es hier um Selbstfindung.
Die Tour ist eine Prüfung, eine Feuerprobe für Körper, Geist, Moral.
Jedes Jahr, wenn ich zur Tour zurückkomme, ist es ein Jahr,
das ich überlebt habe. Ein Sieg über Leben und Tod.

Lance Armstrong

Der Anstieg zum Ventoux? Ich kämpfte auf dem Mond und verlor
gegen einen Astronauten. Gegen Armstrong.

Joseba Beloki

Armstrong und US Postal? Vielleicht ist irgendwo ein Kraut gegen
diese Männer gewachsen, aber ich habe es mit Sicherheit nicht in
meiner Trikottasche.

Iban Mayo

Ich habe gelernt, dass du heute ein Gott und schon morgen
wieder ein Niemand sein kannst.

Marco Pantani

Kein Rennfahrer hatte je so viel Talent wie Frank Vandenbroucke.
Er ist der Johan Cruyff des Radrennsports.

Eddy Merckx

Wenn du den Fuß aus dem Pedal nimmst, um zu pinkeln
und bringst 40 Mann zum Anhalten – dann hast du
eine große Position im Feld.

Udo Bölts

Miguel Indurain umgab nicht nur eine sehr starke Aura.
Wenn er zum Beispiel eine Abfahrt für gefährlich hielt
oder sich Straßen in einem schlechten Zustand befanden,
dann hat er gesagt, dass das Feld langsam fahren solle.
Und dann wurde auch langsam gefahren.

Georg Totschnig

Es ist wichtig zu gewinnen. Aber noch wichtiger ist es,
ständig an der Spitze mitzufahren,
in jedem Rennen eine Rolle zu spielen.
Nur so wirst du jemand,
den jeder akzeptiert und auf den jeder achtet.

Francesco Moser

Wenn du wissen willst, was ein Sieg wert ist: Schau dir an,
wer Zweiter geworden ist.

Federico Bahamontes

Es ist im Radsport nichts von Dauer:
Du bist immer nur so gut wie dein letztes Rennen.

Udo Bölts

Die großen Fahrer haben bessere Räder als wir,
sie haben teurere Schuhe und eine größere Auswahl an Radhosen.
Aber sie haben die selben Straßen.

Tim Krabbé

Mulis der Landstraße

»Ihre aufopferungsvolle Unterstützung war mir damals so wertvoll, dass ich ihnen weiterhin die Treue halte.« Eddy Merckx wusste, was er an seinen Domestiken hatte. In seiner Rennradmanufaktur hat er später mehrere seiner früheren Teamgefährten beschäftigt.

Einer seiner loyalsten Helfer war Jos Bruyere, den Merckx bei jedem Wechsel in ein anderes Team mitnahm. Auf einer Etappe von Paris–Nizza 1970 fährt Bruyere getreu dem altbewährten Motto »Angriff ist die beste Verteidigung« unaufgefordert so hart an der Spitze, dass einer nach dem anderen zurückfällt. Irgendwann sagt Merckx zu ihm: »Lass es ruhiger angehen. Du wirst deine Chance bekommen, um zu gewinnen.« Bruyere kontert: »Ich fahre mir nicht das Weiße aus den Augen, um zu gewinnen. Ich mach es doch nur, um zu verhindern, dass dich irgendwer attackieren kann.« Ein Edeldomestike, der wie ein Siegfahrer auftritt, aber nur eines im Sinn hat: seinen Chef zu beschützen.

Das Verhältnis von Kapitän und Helfern erinnert an die Beziehung von Don Quichotte und Sancho Pansa. Was auch immer der Kapitän im Sinn hat – sei es nun gegen Windmühlen zu kämpfen oder eine Etappe der Vuelta zu gewinnen – seine Helfer müssen sich für ihn opfern. Ihm Trinkflaschen holen. Ihm Windschatten spenden. Ihn den Berg hochziehen, auch wenn die eigenen Energiereserven längst verbraucht sind. Und während sich die Medien nach Etappenende immer auf die göttergleich verehrten Giganten der Landstraßen stürzen, können die Domestiken beinahe unbehelligt duschen gehen.

Doch alle Beteiligten im Radsport wissen: Ohne die Plackerei der Helfer, ohne ihren unermüdlichen Einsatz und ihre selbstlose Motivation gäbe es keine großen Helden und keine großen Geschichten. Eddy Merckx kann ein Lied davon singen. Und Arbeitsverträge unterzeichnen.

Ich brauche eine Mannschaft, in der jeder bereit ist,
für meinen Sieg auf dem Rad zu sterben.

Greg LeMond

Die Bölts, die ist so stark, die geht niemals kaputt.

Walter Godefroot

Ich hatte keinen guten sportlichen Leiter und keine guten
Teamkollegen. Immer wenn etwas passierte,
lagen sie schon zwanzig Minuten zurück.

Federico Bahamontes

Das Team ist eine Schicksalsgemeinschaft.

Alex Zülle

Das Fahrerfeld ist ein Gefängnis.

Tim Krabbé

Ich habe mich im Fahrerfeld stets wie ein Fremder gefühlt.

Rik van Looy

Hier bei Wiesenhof herrscht ein familiäres Flair.
Du hast nicht das Gefühl, dass du nur ein Werbespruch
auf einer Litfasssäule wärst.

Jens Heppner

Kevin Livingstons Weggang zum Team Telekom ist wie
der Wechsel von General Schwartzkopf zur Roten Armee.

Lance Armstrong

Der Straßenradsport ist nun einmal harte Mannschaftsarbeit.
Einer strampelt für den anderen,
damit sich am Ende alle freuen können.

Rolf Aldag

38

Es ist mir lieber, Teil der Mannschaft eines Toursiegers zu sein,
als Kapitän und Zwanzigster zu werden.

Rolf Aldag

Meine Teamkollegen brauchten ein Gefühl für das Rennen.
Sie mussten spüren, wann es galt, das Feld aufzufächern oder einen
Ausreißer zurückzuholen. Ich habe es gehasst, Befehle zu geben.

Eddy Merckx

Hört zu Kollegen: Ihr seid Bic. Ihr denkt Bic.
Schließlich kriegt ihr ja auch euer Geld von Bic.

Jacques Anquetil

Wichtig ist, dass der Kapitän und die Teamleiter mit mir zufrieden
sind – ein Schulterklaps oder ein Lob von denen zählt tausend Mal
mehr, als zehn Plätze gutgemacht zu haben.

Udo Bölts

Dieser Kerl ist ein feiler Taugenichts.
Er ist nicht wert, an unserem großen Rennen teilzunehmen.
Er ist ein Domestike!

Henri Desgrange über Maurice Brocco

Wenn es für einen Domestiken nur darum gehen würde, Wasser-
flaschen zu schleppen, würde ich gleich einen Zehnjahresvertrag
unterschreiben. Das würde ich auch mit 40 noch hinkriegen.

Rolf Aldag

Wenn man sagt, das ist ein guter Domestike,
dann ist das keine Herabsetzung, es ist ein Kompliment.

Walter Godefroot

Als Wasserträger will ich nicht enden.

Jan Ullrich 1994

39

Was es heißt, als Teamhelfer in die Tour zu gehen? Ich bin Mädchen
für alles, der letzte Schimpanse im Zirkus...!

Jörg Ludewig

Was du als Amateur warst, musst du ganz schnell vergessen. Hier bei
den Profis fängst du ganz bei Null wieder an – als kleiner Kacker.

Bernd Gröne

Den guten Domestiken zeichnet weniger
die klassische Knechtsmentalität aus,
als vielmehr Erfahrung, Flexibilität und taktisches Gespür.

Rolf Aldag

Meine Domestiken mussten mittrinken. Wofür sind Helfer denn da?
Um mit mir Karten zu spielen und zu feiern.
Auf den Straßen kann ich selbst fahren.

Jacques Anquetil

Du musst entweder gewinnen oder arbeiten.

Neil Stephens

Es ist schwer zu verkraften, wenn man an den Start geht und weiß:
Heute fährst du nicht um eine Platzierung,
sondern nur, um im Rennen zu bleiben.

Jens Voigt

Siege werden überbewertet. Wenn ich Radrennen gewinne,
heißt das nicht, dass ich ein besserer Mensch bin als derjenige,
der mir als Domestike dazu verholfen hat.

Erik Zabel

Keiner träumt davon, der letzte Fahrer in der Tour zu sein.
Aber wenn du es erstmal bist, findest du Gefallen daran.

Hans de Clerq, Schlusslicht bei der Tour de France 2003

Wenn ich abends meinen Namen noch nicht einmal auf der zweiten
Ergebnisseite finde, erzeugt das schon Depressionen.

Udo Bölts

Ich fahre nicht mehr aus Liebe für den Radsport,
sondern um meine Familie abzusichern.

Udo Bölts

Wenn du in diesem Jahr gut fährst, kaufe ich dir eine Kuh.

Peter Post zu Henk Lubberding

Ich fahre seit 20 Jahren Rad.
Für diese 20 Sekunden Glück habe ich 20 Jahre gearbeitet.

Jens Voigt nach seinem Etappensieg bei der Tour de France

Ich bin kein Sprinter, ich bin kein Kletterer, ich bin kein
Klassefahrer – ich bin nur ein Arbeitstier.

Jacky Durand

Ob ich nun alleine fahre oder an der Spitze einer Gruppe,
die Arbeit muss ich doch alleine verrichten.

Eddy Merckx

Ich muss arbeiten und mich abrackern,
bis den anderen ihr Sattel im Hintern steckt.

Ludo Dierckxsens

41

Die Normalsterblichen

»Wir Rennfahrer sehen im Feld Dinge, die man im Fernsehen nicht sieht.« Welche geheimnisvollen Dinge Miguel Indurain auch immer im Sinn hatte – minutenlange Pinkelpausen, missglückte Doping- versuche – das Fernsehen gibt sich bei den großen Rundfahrten immer mehr Mühe, die Zuschauer vor den Bildschirmen rundum mit Bildern und Informationen zu versorgen. Es gibt keine französische Kirche, deren Geschichte der Tour de France-Fan noch nicht kennt. Keinen italienischen Berg, über dessen Steigungsprozente nicht bis auf die zweite Stelle hinter dem Komma diskutiert wird. Denn die Kommentatoren für Fernsehen und Radio haben oft viel Zeit zum Reden. Viel Zeit für amüsante Versprecher und emotionales Mit- fiebern. Dabei gehen sie mitunter bis zum Äußersten.

So geriet der britische TV-Reporter David Duffield beim spannenden Finish der 1989er Tour dermaßen außer Fassung, als Greg LeMond beim abschließenden Zeitfahren nach Paris Laurent Fignon um läppische acht Sekunden besiegte, dass er glatt die Bodenhaftung verlor. Der aufgeregte Kommentator wollte sich in seinem Stuhl zurücklehnen, wogegen dieser jedoch etwas einzuwenden hatte. Er brach zusammen. Irgendwo unter dem Schreibtisch liegend vollendete Duffield seine Reportage – sehr zur Belustigung der umstehenden Kollegen.

Diese Begeisterung kann sich auch auf die anderen Normal- sterblichen übertragen: auf die Zuschauer am Straßenrand. Während sie früher Nägel auf die Straße legten, um missliebige Fahrer auszu- schalten, bringen sie heute beim leichtsinnigen Fotografieren Radprofis zu Fall. Oder gänzlich unabsichtlich, wie der junge Fan, in dessen Tasche sich der Lenker von Lance Armstrong bei der Tour de France 2003 auf dem Weg nach Luz-Ardiden verfing. Und diese dramatische Szene ist den Fernsehkameras zum Glück nicht verborgen geblieben.

Wer vorne stürzt, fährt sicherer.

Dr. Jürgen Emig

Wenn man vorne einen drin hat,
muss man sich hinten raushalten.

Rudi Altig

Jetzt hat sich eine Spritzengruppe gebildet.

Hagen Boßdorf

Das steckt man nicht so leicht weg wie die Butter in den Kaffee.

Karsten Migels

Fünf Kilometer vor dem Ziel werden die beiden italienischen
Ausreißer eingeölt.

Karsten Migels

Virenque sitzt auf seinen vier berühmten Buchstaben:
C–O–P–P–I! Ach, nein – fünf sind's sogar.

Klaus Angermann

Jörg Jaksche wird heute 23 Jahre alt.
Er bleibt aber trotzdem der jüngste Fahrer im Peloton.

Klaus Angermann

Man kann deutlich sehen,
dass die beiden jetzt nur noch zu zweit sind.

Rudi Cerne

100 Kilometer Solo zu zweit.

Klaus Angermann

Kilometer 64: Der Anstand des Feldes war wieder angestiegen.

Eurosport-Liveticker im Internet

44

Rechts sehen Sie jetzt ein paar Kühe,
die gerade aus dem Bild fahren.

Dr. Jürgen Emig

Und Udo Bölts, der deutsche Meister kommt ins Ziel.
Nein, das ist Dierckxens!
Ach, der belgische Meister, die Farben sind nur verkehrt herum.

Dialog zwischen Klaus Angermann und Tony Rominger

Das ist nicht etwa ein Geschwür bei Belohvosciks
– er bringt nur den Helm nach vorn.

Klaus Angermann

Dort genieße ich eine schöne Schafsherde oder schnuppere
im Wald an einem Pilz. Dann ist bei mir der Teufel los.

Klaus Angermann zu seiner Vorliebe, mit dem Mountainbike hinaus in die Natur zu fahren

So, und jetzt sind wir kurz vor der Zieleinfahrt, und die Helfer
reißen die Sprinter auseinander.

Dr. Jürgen Emig

Grenoble ist ja auch weltberühmt für seine Nüsse –
also für seine Walnüsse, nicht dass ich da jetzt
falsch verstanden werde!

Rudi Altig

Sich für den neunten Platz noch das Weiße aus den Augen
zu fahren, ist nicht das Gelbe vom Ei.

Rudi Altig

Die Leute machen sich kaum die Mühe, sich genauer
zu informieren. Die drücken lieber auf den Fernsehknopf –
und dann übernehmen sie eben die Meinung von Rudi Altig.

Udo Bölts

Eine Steigung, die sich praktisch hochzieht.

Rudi Altig

Kerzengerade windet sich die Straße nach Aix-les-Thermes.

Dr. Jürgen Emig

Hoch wie die Hämatokritwerte der Fahrer
türmen sich die Berge vor ihnen auf.

Klaus Angermann

Die Kontrolleure haben bei dem russischen Fahrer
die Morgenlatte angelegt.

Klaus Angermann

Jetzt läuft die Tour de France. Die meisten Fahrer dopen sich nicht,
um das Rennen durchzuhalten, sondern die anschließenden
Interviews mit Jürgen Emig.

Harald Schmidt

Gratulation zum Sieg!
Hähh?? Ich habe nicht gewonnen.
Oh, ähhm. Sie sind nicht Beat Zberg?

Werner Damm im Interview mit Bjarne Riis

Es ist offensichtlich enorm interessant, einen Radrennfahrer,
der völlig außer Atem ist, einen Haufen blöde Sachen zu fragen.

Laurent Fignon

Immer nur lächeln, lächeln, lächeln – ich bin genauso hübsch,
wenn ich nicht lächle.

Laurent Fignon zu einer Fotografin

Ich fahre, um zu gewinnen. Nicht, um Leute zu erfreuen.

Laurent Fignon

Wenn einer wie Frank einen Schiss lässt,
musst du am nächsten Tag nur die Zeitung aufschlagen,
und sie haben ihn überall großflächig verschmiert.

Johan Museeuw über Frank Vandenbroucke

Während der Tour sehe ich am Tag 50 oder 60 nackte
Männerhintern.

Jens Voigt

Wenn ich für jeden einen Dollar bekäme, der mir an der Strecke
»gedopt, gedopt« zuruft, wäre ich ein reicher Mann.

Lance Armstrong

Wenn man ihn als Rennfahrer sieht, dann weiß man, dass es nicht
mehr weit ins Ziel ist. Aber angenehm ist das nicht, wenn da einer
neben dir herrennt mit einer Gabel in der Hand.

Tony Rominger über den stets als Teufel verkleideten Didi Senft

Wenn die Zuschauer mich nicht vor Paris töten,
werde ich die Tour erneut gewinnen.

Maurice Garin

Ich trainiere zu Hause in Kolumbien nie im Kelme-Trikot
und trage immer eine große Sonnenbrille.
Außerdem fahre ich nie an zwei Tagen hintereinander
die gleiche Strecke, es sei denn,
das Gebiet liegt in der sicheren Gegend von Medellin.

Santiago Botero

Man muss weiter umsonst mit seiner Familie an die Strecke
gehen dürfen, am besten mit dem Grill – wenn du
wie in der Formel 1 ein Jahr vorher dein Ticket
für tausend Mark bestellen musst, ist es vorbei.

Udo Bölts

Wenn du am Berg angeschoben werden möchtest, schau so krank und von totaler Erschöpfung gezeichnet aus der Wäsche, wie nur eben möglich. Wenn dich aber ein Rennkommissar dabei sieht, wie dich jemand anschiebt, musst du laut fluchen. Dann kriegst du abends wenigstens kein Bußgeld für ein eingefordertes Anschieben.

Robert Millar

Es sind die echten Berge, die ich liebe. Wo die Straßen schwarz vor Menschen sind. Wo die Zuschauer im letzten Moment zur Seite springen, um dir eine schmale Gasse zu lassen. Diese Momente sind unglaublich gefühlsgeladen. Du denkst das ganze restliche Jahr an sie zurück.

Richard Virenque

Da stehen Millionen an der Strecke, schreien dich den Berg hoch, egal ob du vorne bist oder hinten. Die Zuschauer haben so viel Passion in den Gesichtern, solche Begeisterung habe ich noch nie erlebt.

Jörg Ludewig

Was gibt es besseres als eine halbe Million Menschen, die dich anfeuern.

Andy Hampsten

Ich habe auf jeden Fall jetzt noch Ohrensausen von den Anstiegen. So bin ich noch nie von den Leuten angefeuert worden. Es spornt dich an, wenn sie dich aufmuntern, dir zuschreien: »Fahr, Rolf, fahr!« oder in der französischen Variante: »*Allez, allez!*« Andererseits, wenn da einer lange neben dir herläuft und dir die Ohren vollschreit, das kann dir auch total auf die Nerven gehen.

Rolf Aldag

I'm singing Indurain.

Plakat eines Fans bei der Tour de France

48

Die Zuschauer nach L'Alpe d'Huez sind phantastisch, aber auch Furcht erregend. Du versuchst ruhig zu bleiben, um nicht zu explodieren, aber alle anderen brüllen, als seien sie beim Boxkampf.

Andrew Hampsten

Am besten, du hast ein Polizeimotorrad direkt vor dir. Dann machen sie wenigstens Platz.

Udo Bölts

Das Verhalten der Fans beim Giro war schlimm. Sie schlugen, schubsten und spuckten mit Wein nach mir. Im Ziel war ich vollkommen dreckig von dem Zeug, mit dem sie mich bespuckten.

Stephen Roche

Die Pfiffe der Zuschauer sind legales Doping.

Bernard Hinault

Wenn ich dutzende Menschen meinen Namen brüllen höre, bleibt mein Gesicht vielleicht regungslos, aber über meinen Rücken laufen Schauer. Lob ist das beste Doping für einen Fahrer, davon kann ich nicht genug kriegen.

Rik van Looy

Das Streckenkärtchen unter den linken Hosenstoß, die Schinkenbrötchen in den rechten Trikotsack, die Törtchen in den linken. Den Bidon Sirup in den vorderen Bidonhalter, das Wasser in den hinteren. Der Kilometerzähler auf den Lenker, Brille und Helm auf, fertig, bereit für den Start. Und das jeden Morgen, vor hunderten von Leuten, die interessiert zuschauen. Manchmal komme ich mir vor wie in einem Zoo.

Rolf Järmann

Ich habe viele Freunde und Bekannte, die ich gar nicht kenne.

Dietrich Thurau, 1977 im *Aktuellen Sportstudio*

Die pompösen Paraden bei der Schlussfeier der Tour de France
haben mich ein wenig an den rheinischen Karneval erinnert.

Rolf Aldag

Arnold Schwarzenegger kam zur Tour de France, um Werbung für
seinen neuen Film zu machen. Carlos Sastre forderte ihn zum
Armdrücken auf, doch sein Angebot wurde abgelehnt.

Tyler Hamilton

Papst Johannes XIII. hat mich einmal gefragt,
ob ich ihm das Rennfahren beibringen könnte.

Gino Bartali

Ich habe die Erfahrung gemacht: Es ist alles andere als gute Reklame
für dein Unternehmen, wenn du den Leuten erzählst,
dass du mal Radrennfahrer warst.

André Mahé

Es spielen so viele Rollen einen Faktor, dass es fast unmöglich ist,
zu sagen, was wirklich geschieht.

Klaus Angermann

Andere Länder, andere Sitten

»In Belgien sind die Groupies leider meist 50 Jahre alte Männer, die dir alles aus den Händen reißen, was sie kriegen können. Autogramme, Mützen, was auch immer, und das am liebsten doppelt.« Raphael Schweda weiß, dass es im Radsport Groupies gibt. Und dass sie in Belgien anders aussehen als in anderen Ländern.

Die Menschheit verdankt Belgien wichtige Dinge. Beleuchtete Autobahnen etwa, die es selbst Astronauten leicht machen, das kleine Land zu identifizieren. Ausgiebig Frittiertes und Biersorten mit seltsamen Geschmacksnoten. Doch Belgien ist auch das Land, in dem die Radsportverrückten zu Hause sind. Und sich zunehmend die Haare raufen.

Die Tour de France 2003 brachte das Dilemma der großen Radsportnation auf den Punkt. Acht Sportdirektoren und Manager kamen aus Belgien: Darunter Johan Bruyneel bei US-Postal, Rudy Pevenage beim Team Bianchi, Walter Godefroot beim Team Telekom und Patrick Lefevere bei Quick Step-Davitamon. Viele alte Helden, die heute den Job haben, neue auf den Weg zu bringen.

Doch dazu zählten in diesem Jahr gewiss nicht die aktuellen belgischen Fahrer. Lediglich acht waren für die Tour nominiert, ganze sechs erreichten Paris. Ihre Ausbeute: eine Top 10-Platzierung. Als Bester landete Christophe Brandt im Gesamtklassement auf Platz 52. Hans de Clerq blieb die zweifelhafte Ehre der *Lanterne Rouge*. Damit sich die Misserfolge ihrer Fahrer ertragen ließen, mussten die Zehntausenden von belgischen Fans am Straßenrand sicherlich literweise Himbeerbier und Tonnen von Bratrollen konsumieren.

Viele Radsportler haben sich ihre Knochen auf belgischem Kopfsteinpflaster zermalmt. Und sich gern den Kopf darüber zerbrochen, warum gerade hier so zähe Fahrer zu Hause waren. Aber auch über andere Radsportnationen und solche, die es werden wollen, hat man sich im Peloton fleißig Gedanken gemacht. Wie immer auch die Groupies dort aussehen mögen.

»Es gibt keine echten
Flandriens mehr.«
Eddy Merckx

Du kannst nur im Ausland etwas lernen. Nationale Rennen sind reine Inzucht.

Karl-Heinz Kunde

Warum, um Himmelswillen, gibt es Belgien?

Rolf Gölz

Ich hasse die Rennen in Belgien.

Paul Kimmage

Olaf Ludwig war der einzige, der die belgischen Rennen liebte. Seitdem höre ich von unseren Fahrern immer nur was von »diesen Scheißrennen« in Belgien.

Walter Godefroot

Die Flamen sind eine besondere Brut. Auf dem Rad würden sie sich lieber töten lassen, als dir ihren Platz im Rennen zu überlassen.

Bernard Quilfen

Ein echter *Flandrien* hat so auf die Pedale gedrückt, dass er hinterher nicht mehr wusste, aus welcher Stadt er kommt.

»Briek« Schotte

Wenn ich in Belgien leben würde, wäre ich sicher nicht Radprofi geworden! Schlechte Straßen, unvernünftige Autofahrer, viel Wind.

Rolf Järmann

Flandern, das war eine Strafe, und für viele ist das so geblieben.

Bernard Quilfen

Wenn jemand mich fragt, was für einen Beruf mein Mann hat, und ich sage »Radrennfahrer«, dann werden die Augenbrauen hoch gezogen. Engländer haben keine Ahnung, was das ist.

Sally Boardman

Tour de France: Können 40 Millionen Franzosen irren?
Daily Mirror

Wir sind von den Bildern der Tour de France beeindruckt, aber wir lieben sie nicht. Wir können die Anstrengungen erkennen, aber wir verstehen sie nicht.
Philadelphia Daily News

Die Tour de France? Jeden Abend nur Teigwarenbrei!
Pierangelo Binoletto

Indurains einzige Schwäche ist wohl, dass er kein Französisch spricht. Aber er konnte die Franzosen dazu bringen, Spanisch zu sprechen.
Pedro Delgado

Ob ich mich mit Virenque auf Französisch unterhalte? Vielleicht kann er ja jetzt Deutsch.
Jan Ullrich

Frankreich verdient einen Jalabert gar nicht.
Manolo Saiz

Die Franzosen mögen keine Sieger. Sie waren immer gegen mich, bis ich 1975 die Tour verloren habe. Plötzlich war ich populär.
Eddy Merckx

Die Tour ist für den Durchschnittsfranzosen gemacht. Der ist ein Dummkopf, der nur den Schein liebt.
Luc Leblanc

Viele Europäer kennen dank der Tour de France die französische Geographie besser als die ihres eigenen Landes.
Sepp Renggli

Es könnten Außerirdische vom Mars in Frankreich einmarschieren, die Regierung könnte stürzen oder gar das Rezept für Sauce Béarnaise verloren gehen – würde es während der Tour de France passieren, kein Franzose würde Notiz davon nehmen.

Red Smith

Anquetil wurde bewundert und verehrt, aber Poulidor wurde geliebt, weil er der ewige Verlierer war. So ist das in Frankreich, in Deutschland undenkbar.

Rudi Altig

Seit Konrad Adenauer hat keiner für die deutsch-französische Freundschaft mehr getan als Dietrich Thurau.

Jacques Chirac

Falls es die Franzosen interessiert, warum sie in den letzten fünfzehn Jahren keinen Tour-Sieger hervorgebracht haben, empfehle ich ihnen, Freiburg einen Besuch abzustatten. Am Hauptbahnhof gab es die größte Ansammlung abgestellter Fahrräder, die ich außerhalb einer Dokumentation über China jemals gesehen habe. Drei an jeder Parkuhr, fünf an jedem Baum – es waren Zehntausende, ein deutliches Indiz für eine pulsierende und jugendliche Fahrradkultur.

Tim Moore

Woodstock am Rhein.

Le Figaro über die Freiburg-Etappe bei der Tour de France 2000

Der Radsport ist eine der seltenen Sportarten, wo die Nationalität hinter dem Champion verblasst.

Le Figaro

Ich bin Deutsch-Franzose.

Jens Voigt

Lerne in verschiedenen Sprachen zu fluchen. Andere Fahrer werden deine Bemühungen schätzen, zu kommunizieren.

Robert Millar

Radsport ist ein Spiegel der Gesellschaft – in Deutschland zählt kein siebter, achter Platz.

Udo Bölts

Deutschland wird nie eine Radsportnation.

Olaf Ludwig

Wenn wir so weitermachen und man sich nur für Jan Ullrich und die Tour de France interessiert, sind wir nach dessen Karriereende wieder tief in der Radsport-Steinzeit.

Marcel Wüst

Holland ist ein Radsportland, Deutschland ist ein Jan-Ullrich-Land. Da zählt nur die Tour de France. In Holland weiß man auch die Bedeutung der anderen Rundfahrten und der Klassiker zu schätzen.

Grischa Niermann

Der deutsche Radsport ist nicht so etabliert, als dass er ohne Jan Ullrich auskommt.

Rolf Aldag

Damit Deutschland ein Radsport-Land wird, reicht es nicht aus, eine nationale Rundfahrt wieder zum Leben zu erwecken. In Frankreich, in Italien, in Holland und in Belgien lebt der Radsport in den Herzen der Menschen.

Olaf Ludwig

Wenn Ullrich in Belgien aufgewachsen wäre, hätte er schon dreimal die Tour gewonnen. Es liegt nicht am Körper, sondern am Kopf.

Eddy Merckx

56

In Italien gibt es Superrennfahrer wie Casagrande, Bettini oder Rebellin, aber die stehen alle hinter Pantani in der zweiten Reihe, obwohl der seit seinem Toursieg 1998 nichts mehr getroffen hat. Aber wenn der bei einem Unfall zwölf Autos zusammenschiebt, hat er mehr Medienecho als die anderen drei zusammen.

Erik Zabel

Ich bin ein kleiner Macho, außerdem so eitel, dass ich literweise Haargel verschleiße. Kann ich also woanders glücklicher sein als in einem italienischen Team?

Jörg Ludewig

In Italien ist es immer der Arzt, der das letzte Wort hat, in Frankreich der *Directeur sportif*.

Gregor Braun

In den vergangenen Jahren haben es die Italiener immer gut hinbekommen, andere zum Weltmeister zu machen, obwohl sie die Stärksten waren.

Erik Zabel

Er hat Abitur und ist damit die absolute Ausnahme bei den Italienern. Viele gehen nach der siebten Schulklasse ab, die kommen zum Radsport, um Geld zu verdienen. Wie zu einem Handwerkerberuf.

Raphael Schweda über Fabrizio Guidi

Um in Italien wahrgenommen zu werden, musst du den Giro gewinnen.

Enrico Maggioni

Wer in Spanien für ONCE fährt und noch dazu groß und blond ist, hat automatisch einen Star-Bonus.

Jörg Jaksche

Indurain hat Spanien mehr geeinigt als jeder andere.
Er ließ uns an den herrlichsten Siegen teilhaben.
Sein Rücktritt hinterlässt ein Vakuum an Konsens,
und es würde mich nicht überraschen, wenn die Regierung
nun in einer Geheimsitzung darüber berät, was zu tun ist.

Manuel Vázquez Montalbán

Ich bin der typische Spanier, der sich für alles interessiert,
aber nichts weiß.

Pedro Delgado über Pedro Delgado

Die Amerikaner sind gewohnt, selbstständig zu handeln.
Die Spanier waren es gewohnt, dass alles für sie gemacht wird.

Johan Bruyneel

Die Basken sind die enthusiastischsten Radsportfans. Sie erkennen
die Fahrer und rufen ihre Namen, singen die ganze Zeit und feuern
an. Sogar als ich nach dem Rennen die Abfahrt von Luz-Ardiden mit
einer Baseballkappe in Angriff nahm, wussten sie, wer ich bin.

Tyler Hamilton

Die Spanier? Horden von orangefarbene T-Shirts tragenden,
Sangria trinkenden, rauchenden und lärmenden Leuten.
Es gibt viele Unterschiede zwischen einem spanischen und einem
französischen Fan. Spanier sind leidenschaftlich, treiben die Fahrer
den Berg hoch. Ein Franzose applaudiert und ruft »*Bon Courage*«.
Ein Spanier hat immer gekühlte Getränke für die Fahrer dabei,
ein Franzose applaudiert und ruft »*Plus Vite*«.
Franzosen haben Fanclubs, Spanier sind Fans.

Bradley Mc Gee

Frankie ist der amerikanische Direktor der US-Postservice-
inländischen Proeinen.Kreislauf.durchmachenmannschaft.

Frankie Andreus Selbsteinschätzung in der deutschen Version seiner Website

Oh du lieber Augustin...

Eine Musikkapelle in den USA spielt zu Ehren von Gustav Kilian und Heinz Vopel die
vermeintliche deutsche Nationalhymne

Lance Armstrong ist umgeben von Leuten, die ihm sagen, wie
phantastisch er ist. Dass er sagen und tun kann, was immer er will.
Noch gefährlicher ist, dass er es auch glaubt. Aber er ist Amerikaner,
und dieser Glaube ist Teil seiner Mentalität.

Eddy Merckx

Alex Zülle hat diese Schweizer Mentalität: Wenn du ihm zehn sagst,
sagt er zehn, wenn du bremsen sagst, bremst er,
dann sagst du trinken, und er trinkt.

Pedro Delgado

Die Profis im Westen fahren doch für Zahnpasta und
Hühneraugenpflaster. Hauptsache die Kohle stimmt. Meine
Motivation waren immer die Menschen. Du weißt, dass sich
Millionen mit dir freuen, und das war mein Antrieb.

»Täve« Schur

Die Krise im niederländischen Radsport hatte weniger mit einem
Mangel an Talenten zu tun, wie immer behauptet wurde. Die
niederländischen Teams hatten einfach einen Rückstand in der
medizinischen Betreuung. Jetzt haben sie aufgeholt.

Peter Winnen

Kamele werden wie geschlossene Bahnschranken behandelt.

Aus dem Reglement der Katar-Rundfahrt

Sex-Appeal

»Um sich auf ein Rennen vorzubereiten, gibt es nichts Besseres als einen guten Fasan, etwas Champagner und eine Frau.« Befand Jacques Anquetil.

Der Radsport ist eine Männerdomäne. Zumindest, was die breite Öffentlichkeit betrifft. Während die Tour de France bei den Männern als der absolute Höhepunkt der Rennsaison gilt, hat sich die Grande Boucle Féminine als Frankreich-Rundfahrt der Frauen den Ruf als schlecht organisierte Veranstaltung mit einem chaotischen Etappenverlauf erworben. Jeder kennt Jan Ullrich und Richard Virenque, doch wem sind schon Judith Arndt und Leontien van Moorsel ein Begriff? Trotz erstklassiger Leistungen fahren Frauen im Windschatten ihrer männlichen Kollegen. Fernsehsender und Zeitungen befassen sich lieber mit dem weiblichen Anhang der Spitzenfahrer als mit den Jeannie Longos dieser Welt. Und das verrät einiges über die Männerwelt Radsport. Wie auch die klassische Siegerehrung: Trikots werden übergestreift, Blumensträuße übergeben und Champagnerkorken knallen. Hübsche, junge Damen aus der Umgebung des Zielortes – mal sind es Weinprinzessinnen, Abgesandte von Käsefirmen oder Models – haben die große Ehre, einem verschwitzten Sportsmann zwei Küsschen auf die Backe zu schmatzen.

Nicht immer waren diese Frauen grazile Schönheiten. 1910 wurde Octave Lapize bei der Tour de France von einer drallen Dame mit einer Federboa beinahe erdrückt, wenn man den Überlieferungen Glauben schenken darf. Manchmal wünscht man sich auch in der Gegenwart vergleichbare Szenarien, um den mittlerweile recht abgeschmackten Bussi-Ritualen etwas Abwechslungsreichtum zu verleihen. Und vielleicht sagt eines Tages ja auch mal eine Frau in die Mikrofone der Fernsehanstalten: »Um sich auf ein Rennen vorzubereiten, gibt es nichts Besseres als einen guten Truthahn, ein wenig Rotwein und einen Kerl.«

Die Fahrer sagen, es wäre wie bei ganz normalen Arbeitern:
Sie diskutieren über Frauen, Politik und bescheuerte Arbeitgeber.

Samuel Abt

Vor Sonnenbankbräune strotzend über die Ziellinie zu fahren
wie Michael Boogerd in Valencia,
das ist genau so surrealistisch wie eine gepiercte Nonne,
die in einem Bordell auf der Theke tanzt.

Hugo Camps

Lars Bak hat drei Handys. Eins für seine Familie, eins für seine
Freundin und eins für Jennifer Lopez, die angeblich eine
Standleitung zu ihm habe.

Scott Sunderland

Fast hätte ich eine Frau geschlagen, die mich
in einem ungünstigen Moment um ein Autogramm bat.

Bernard Hinault

Zu Hause bei meiner Frau bin ich ein ganz anderer Mensch
als auf dem Rennrad. Das ist auch gut so – sonst wäre
ich nicht zu genießen.

Laurent Fignon

Ob ich Rudy massiere?
Nee, also gewiss nicht für die Rennen.

Greta Dhaenens

Sein Babyface und sein merkwürdiger Akzent faszinierten mich.

Lydia Roche erinnert sich an ihre erste Begegnung mit Gatte Stephen

Joop soll Rennen fahren und sich erholen. Den Rest regele ich.

Françoise Zoetemelk

Jacques Jugendjahre waren kurz. Er steckte noch in der Pubertät, als er plötzlich seinen Mann stehen musste. Das Letzte, was er brauchen konnte, war eine Frau, die jünger war als er.

Janine Anquetil

Das härtere Leben führt meine Lebensgefährtin Stefanie in Berlin mit unseren Kindern: Schule, Verpflichtungen am Nachmittag, Krankheiten, da steht so viel auf dem Programm. Dagegen erscheint mir Radfahren wie Urlaub.

Jens Voigt

Zum Glück macht meine Freundin Gaby die Autogrammpost auf, da weiß sie gleich Bescheid, wenn mal ein freizügiges Foto drin ist.

Jan Ullrich

Die meisten Stunden bin ich auf dem Fahrrad unterwegs. Erst dann kommt Gaby.

Jan Ullrich

Mädels? Kein Verlangen.

Jan Ullrich 1994 über sein Privatleben

Meine Frau meint immer, wenn ich an ihr nur so viel rumschrauben würde wie an den Rädern.

Erik Zabel

Verglichen mit der Formel 1 ist der Radsport ein sehr keusches Pflaster.

Erik Zabel

Achtung, Fahrradfahrer: Rennsättel machen impotent! Meine Potenz auf dem Fahrrad war noch nie gefährdet durch schmale Sättel, sondern immer durch fehlenden Kettenschutz.

Harald Schmidt

Schon drei Meilen Fahrrad fahren am Tag
verbessert dein Sexualleben.

Dr. Franco Antonio

Ich nannte das Fahrrad meinen einzigen Freund. Wenn es möglich
gewesen wäre, hätte ich vermutlich mit ihm geschlafen.

Henry Miller

Man hat mir erzählt, dass sich Männer, die bestimmte Sportarten
wie etwa Radrennen betreiben, ihre Beine rasieren,
um den Luftwiderstand zu verringern und um zu verhindern,
dass sich ihre Beinbehaarung in der Kette verfängt.

Abigail van Buren, amerikanische Ratgeber-Kolumnistin

Im Eiskunstlauf gibt es keine Luftverwirbelungen.
Das Rasieren würde dort im Gegensatz
zum Radsport nichts bringen.

Katharina Witt

Die Hauptsache ist, dich nicht zu schneiden
und in der Badewanne zu verbluten.

Frankie Andreu zur Beinrasur

Meine Meinung über Frauenradrennen? Das ist dasselbe, als ließe
man einen Vegetarier in einer Schlachterei arbeiten.

Gerrie Knetemann

Die Bulldozer sind auch im Frauenpeloton praktisch ausgestorben.

Leontien van Moorsel

Frauen auf Rennrädern, das ist doch kein Anblick. Lass sie turnen,
schwimmen, Volleyball spielen, für meinen Teil sollen sie zu Hause
den Abwasch machen. Aber Rennen fahren? *C'est moche.*

Marc Madiot

Fahrradfahren hat mehr für die Emanzipation der Frauen getan als alles andere in der Welt. Es gibt Frauen ein Gefühl der Freiheit und Selbstbestimmtheit.

Susan B. Anthony

Für Mädchen gibt es keine bessere Form der Erziehung als Fahrradfahren. Wenn ich eine Tochter hätte, würde ich ihr mit zehn Jahren ein Fahrrad schenken, so dass sie lernt, wie sie selbstständig im Leben zurechtkommt.

Émile Zola

Das Fahrrad ist ein genauso guter Begleiter wie die meisten Ehemänner. Und wenn es alt wird und heruntergekommen aussieht, können Frauen es zur Seite stellen und sich ein Neues kaufen, ohne die ganze Nachbarschaft zu schockieren.

Ann Strong

Hat man sich in eine Fahrradfahrerin verliebt, die nicht von einem weiß, so gibt es nur eins: Man muss ihr unauffällig in angemessenem Abstand so viele Tage und Wochen hinterherfahren, bis sie einen Platten hat.

Joseph von Westfalen

Die großen Bühnen

Eine Gerichtsverhandlung. Der Hammer fällt. Der Richter spielt an seiner Robe, plustert sich auf, und verkündet dröhnend das Urteil: »Im Namen des Volkes verurteile ich Sie zu drei Wochen Tour de France.« Ein wahrer Albtraum für alle Hobbyradfahrer und erst recht für jene, denen das Vehikel mit der mehr oder minder schnurrenden Kette höchst suspekt ist. Sich drei Wochen lang vor den Augen der Weltöffentlichkeit auf einem Rad abzuquälen, gehört für Otto Normalverbraucher zur denkbar schlimmsten Tortur. Wie sagte doch Geo Lefèvre, der unbedarfte Kerl, der sich das unmenschliche Spaktakel vor hundert Jahren ausgedacht hatte : »Die Tour de France verlangt ganze Kerle. Muttersöhnchen müssen zuhause bleiben.«

Die Muttersöhnchen und -töchterchen bleiben aber nicht daheim. Sie pilgern an die Strecken, um jene anzufeuern, die dem Anspruch »Ganzer Kerl« zu genügen versuchen. Es sind die großen Rundfahrten durch Frankreich, Italien und Spanien, die seit vielen Jahrzehnten die Massen mobilisieren. Doch auch die traditionsreichen Eintagesrennen im Frühjahr und Herbst ziehen die Fans in ihren Bann. Liebenswerte Anachronismen und Heidenspektakel beschwören Jahr für Jahr Bilder aus einer Zeit herauf, in der nur besonders widerstandsfähige Hasardeure ihr Geld als Radprofi verdienen konnten.

Wer einen Klassiker vom Schlage Mailand–San Remo oder Paris–Roubaix gewinnt, hat den ersten Schritt zur Unsterblichkeit absolviert. Wer dann noch bei den großen Rundfahrten triumphiert, hat diese Schwelle sogar übertreten. Die Schwelle zum Radsporthimmel. Und selbst wenn es diesen allen Unkenrufen zum Trotz nicht geben sollte, so lässt es sich doch trefflich von ihm träumen.

Die vielen Siege in kleinen Rennen bringen doch nichts.

Giuseppe Saronni

Die Tour de France feiert ihren 100. Geburtstag. Blut, Scheiß und
Tränen werden auch in diesem Jahr wieder vergossen ...

Der Internet-Dienst *Sport1*

Die Tour folgt einer Doppelmoral:
Die ritterlichen Verpflichtungen mischen sich unaufhörlich
mit den brutalen Mahnungen des reinen Erfolgsdenkens.

Roland Barthes

Wer die Tour de France durchstehen will, muss das Wort
»unerträglich« aus seinem Lexikon streichen.

Hans Blickensdörfer

In der Tour ist kein Platz für Kranke und Schwache.

Laurent Jalabert

Die Tour, das ist Gott für den Radsport.

Pavel Dolezel

Wir nennen sie den Krieg der Radfahrer.

Pedro Delgado

Zur Tour empfindest du eine Hassliebe. Aber erst, wenn du im
nächsten Jahr wiederkommst, erinnerst du dich daran,
wie sehr du sie wirklich verabscheust.

Sean Yates

Wenn Bernhard Langer bei den German Open Achter wird,
schleppt er mehr Geld nach Hause als wir
nach drei Wochen Knochenarbeit in der Tour.

Rolf Aldag

68

Ich bin stolz, die Verantwortung für dieses Monument zu tragen,
das den Menschen Glück bringt, sie ihre Unterschiede vergessen
und sie einfach miteinander leben lässt.

Jean-Marie Leblanc

Es ist unabdinglich, die unmenschliche Seite der Tour zu bewahren.
Maßlosigkeit ist notwendig.

Jacques Goddet

Eines Tages werden uns diese Herren die Taschen mit Blei
voll stopfen, weil sie beweisen wollen, dass Gott den Menschen
zu leicht erschaffen hat.

Henri Pélissier über die Rennkommissare der Tour de France

Das Schwierigste in der Tour de France ist es,
nach Hause zu telefonieren.

Djamolidine Abdujaparov

In der Tour gibt es einen Haufen Vinnie Joneses,
aber nicht einen Zinedine Zidane.

Tim Moore

Es ist nicht so, dass große Fahrer die Tour ausmachen.
Die Tour macht große Fahrer.

Ralph Hurne

Wenn Jan Janssen die Tour gewinnen kann,
dann kann meine Schwiegermutter das auch.

Kees Pellenaars

Um die Tour de France durchzustehen,
brauchst du eine Ausdauer und einen Willen,
wie sie auch chronisch Kranke entwickeln müssen.

Lance Armstrong

Ihr wollt mir den halben Magen herausnehmen? Keine Chance.
Die Operation muss warten, bis die Tour de France vorbei ist.

Jacques Anquetil wenige Monate vor seinem Tod

Das Gelbe Trikot brauche ich erst am vorletzten Tag.
Unterwegs macht es doch nur Stress.

Jan Ullrich

In der ersten Tour-Woche fühlst du dich gut, in der zweiten Woche
verlassen dich die Kräfte. Die dritte Woche? Scheiße!

Per Pedersen

Während der gesamten Tour de France herrschte
in meinem Kopf ein einziges Inferno.

Pedro Delgado über die Nachteile seiner Lektüre von Dantes »Göttlicher Komödie«

Die Weltmeisterschaft und die Spanienrundfahrt sind der Trost der
Angsthasen und Verlierer.

Urs Zimmermann

Der Giro war doch lange Zeit nur eine Urlaubsradtour. 150
Kilometer fuhren sie *piano, piano*. Und erst wenn die Fernsehleute
kamen, sind sie die letzten 50 Kilometer in einer Stunde gefahren.

Greg LeMond

Beim Giro gibt es zwei Wettbewerbe:
Wer wird Gesamterster und wer wird bester Italiener?

Stephen Roche

Die Tour ist schwer, doch Marmolada, Croce Domini und andere
Dolomiten-Pässe sind ein anderes Kaliber: nicht nur steil, sondern
auch lang. Einige Steigungen konnten wir nur mit dem Auto fahren.
Ich meinte nur: »Hört auf, hier kann das Rennen nicht durchgehen.«

Alex Zülle

Man wird uns noch in Jahren auslachen ob dieses Größenwahns.
Nach Warschau auf dem Rad! Die Straßen sind so beschaffen,
dass vielleicht Panzer nach Warschau vorankämen,
ohne unterwegs steckenzubleiben.

Karel Tocl, 1947 zu den Vorbereitungen der ersten Friedensfahrt

Es machte mich krank, wenn ich eine *Classique* auslassen musste.

Eddy Merckx

Mailand–San Remo ist ein undurchschaubares Frauenzimmer,
das es mal zum euphorisierten Techtelmechtel kommen lässt,
nur um den Galan beim nächsten Ansturm umso schroffer
in die Schranken zu verweisen.

Rolf Gölz

Dieser Sieg heute, das ist fast so, als ob man Vater wird.

Mario Cipollini nach seinem Erfolg bei Mailand–San Remo 2002

Bei Mailand–San Remo wird alles auf ein paar hundert Metern
entschieden, nur sind es nie dieselben hundert Meter.

Marc Madiot

Wenn ich nach dem langen Winter endlich wieder bei Mailand–San
Remo starten darf, werde ich ein ganz anderer Mensch.

Erik Zabel

Seit meiner Kindheit habe ich Bilder von der Flandern-Rundfahrt
und von Lüttich–Bastogne–Lüttich im Kopf. An besondere Bilder
von Mailand–San Remo erinnere ich mich nicht.

Michele Bartoli

Die Flandern-Rundfahrt zu gewinnen – das soll super sein? Super
finde ich, was Greenpeace tut.

Johan Museeuw

Bei der Flandern-Rundfahrt muss man jeden Stein kennen, jede Steigung, jede Kurve, sonst hat man keine Chance auf den Sieg.

Peter van Petegem

Wir mussten durch jede Dorfmulde, wo natürlich immer Kopfstein lag. Ich schätze, so ein Viertel der Strecke bestand nur aus Steinen.

»Briek« Schotte über die Flandern-Rundfahrt

Besetzt ist besetzt, aber die *Ronde* ist die *Ronde*.

»Briek« Schotte

Die Flandern-Rundfahrt ist wirklich völlig verrückt. Denn dort kommen zum schlimmen Kopfsteinpflaster auch noch 16 steile Anstiege. Deshalb gilt für mich eine eherne Regel: Du musst diese Rennen lieben – sonst geht gar nichts.

Andrei Tchmil

Nach allem was vorher kam, ist der Bosberg die Guillotine.

Frans Verbeeck über die Flandern-Rundfahrt

Als Fahrer habe ich mir damals gewünscht, dass es den Koppenberg nicht gibt.

Rudy Pevenage über die Flandern-Rundfahrt

Solange der Koppenberg Bestandteil der Flandern-Rundfahrt ist, werden Sie mich niemals am Start sehen.

Bernard Hinault

Wenn nur fünf bis zehn Fahrer in der Lage sind, auf dem Rad über einen Berg zu kommen, und der Rest muss zu Fuß gehen, dann ist ein solcher Anstieg nicht wert, Teil eines Straßenrennens zu sein.

Eddy Merckx über den Koppenberg bei der Flandern-Rundfahrt

Die Flandern-Rundfahrt?
Eine Zirkusnummer. Reine Sensationshascherei.

Bernard Hinault

Für uns ist die Flandern-Rundfahrt die Weltmeisterschaft.

Eddy Merckx

Die Flandern-Rundfahrt ist für Männer, die mit Schweinen hinter'm
Haus aufgewachsen sind, und nicht für feine Pinkel.

Hugo Camps

Die einzige Taktik, die es für Paris–Roubaix gibt, besteht darin,
vorher nicht darüber nachzudenken und zu schlafen.

Johan Museeuw

Wenn es bei Paris–Roubaix regnet, musst du Artist sein.
Oder noch besser ein Querfeldeinfahrer.

Walter Godefroot

Vor meinem ersten Start 1990 habe ich nicht recht an die
dramatischen Geschichten geglaubt, die über Paris–Roubaix
erzählt wurden, doch dann haben sie sich alle bestätigt.

Olaf Ludwig

Um bei *La Roubaix* zu gewinnen, musst du lernen, dort zu
verlieren. Du musst über Jahre die verschiedenen Bedingungen
kennen lernen und die Angst überwinden. Dann wächst langsam
der Glaube, dass du stärker sein kannst als *La Roubaix*.

Franco Ballerini

Paris–Roubaix ist ein Zirkus. Ich verstehe zwar,
warum die Zuschauer das Rennen lieben.
Aber ich möchte nicht einer der Clowns sein.

Chris Boardman

74

Für mich war das Rennen nichts Besonderes. Ich bin viel lieber im sonnigen Süden Italiens auf asphaltierten Straßen gefahren.

Rekordsieger Roger de Vlaeminck über Paris–Roubaix

Bei Paris–Roubaix darf man bis zum Finale nie am Anschlag fahren. Man muss es ignorieren, wenn auf dem Pflaster fünfzig an einem vorbeifliegen. Die kriege ich schon wieder, denn die trifft irgendwann der Hammer.

Rolf Aldag

Roger glitt über das Kopfsteinpflaster als wüsste er genau, wo jeder Stein lag.

Eddy Merckx über Roger de Vlaemincks Erfolge bei Paris–Roubaix

Mein Lieblingsrennen wird es nie, aber es ist eben eines der letzten großen Abenteuer unserer Zeit.

Erik Zabel über Paris–Roubaix

Wenn du Paris–Roubaix gewonnen hast, kennt dich doch Jahre später noch jede Oma.

Rolf Aldag

Ich liebe Paris–Roubaix.

Laurent Fignon

Wer behauptet, dass er Paris–Roubaix liebt, der erzählt Schwachsinn.

Rolf Aldag

Paris–Roubaix ist ein Haufen Scheiße. Du bist bis zur Schulter voll Schlamm. Du fährst im Schlamm und dir bleibt keine Zeit, zu pinkeln. Es ist das wundervollste Rennen der Welt.

Theo de Rooy

Die Kopfsteinpflaster bei Paris-Roubaix sehen aus, als hätte
irgendjemand sie aus dem Hubschrauber abgeworfen.

Olaf Ludwig

Eigentlich ist das kein Radrennen,
sondern modernes Gladiatorentum.

Rolf Aldag über Paris–Roubaix

Lüttich–Bastogne–Lüttich ist eigentlich jedes Jahr eine neue Version
der Schlacht um die Ardennen.

Emile Masson

Am Ende kommt man sich vor, als sitze man in einer Geisterbahn.
Es geht hoch und runter, links und rechts, durch enge Kurven,
über schmale Straßen. Auf den Schlusskilometern sieht man
Sterne und glaubt, der Mann mit dem Hammer
hat hinten auf dem Rad gesessen.

Walter Godefroot über das Amstel Gold Race

Bei der Meisterschaft von Zürich ist es am schwersten, der
Versuchung zu widerstehen, bei der ersten Gelegenheit
auszusteigen. Auf dem Rundkurs kommst du immer wieder direkt
an den Duschen vorbei.

Lance Armstrong

Ob man Virenque mag oder nicht: bei Paris–Tours hat er gezeigt,
dass er ein großer Rennfahrer ist. Er war, obwohl er eigentlich
Bergfahrer ist, in der Lage, ein Rennen zu gewinnen,
das für Sprinter und *Rouleurs* gemacht ist.

Erik Zabel

Ich bin sehr glücklich, weil die anderen eigentlich
heute besser waren als ich.

François Faber nach seinem Sieg bei Bordeaux–Paris 1913. Er hatte 22 Minuten Vorsprung.

76

Einer unserer Jungs ist Weltmeister geworden? Was für ein Mist. Ich bezahle die Fahrer das ganze Jahr, damit sie den Namen unseres Unternehmens auf der Brust tragen. Nicht, damit sie sich anziehen müssen wie eine Farbenfabrik.

Festina-Chef Miguel Rodriguez

Der Ruhm des Weltmeistertitels? Bis du im Frühjahr das Regenbogentrikot aus der Kiste holen kannst, sind doch längst Löcher drin.

Rolf Aldag

Als ich völlig überraschend das Regenbogentrikot gewonnen hatte, verspotteten mich die Leute als »Adler von Hogerheide«. Der Spitzname hat mich bekannter gemacht als der Weltmeistertitel.

Harm Ottenbros

Die Flandernrundfahrt und Paris–Roubaix sind für mich wichtiger als die WM. Es ist natürlich traumhaft, ein ganzes Jahr lang mit dem Regenbogentrikot zu fahren. Aber die Euphorie des Gewinnens ist bei der *Ronde* oder in der Hölle weitaus größer.

Johan Museeuw

Du musst im Jahr nicht viele Rennen gewinnen, um deinen Marktwert zu behalten. Es zählen nur die großen Siege.

Vittorio Adorni

Der Weltcup ist die wahre Krone des Radsports.

Lance Armstrong

Wo die Luft dünn wird

»Die Funktionäre müssen blind gewesen sein, als sie diesen Berg ausgesucht haben«, klagte Gerrit Glomser, nachdem er den Alto de Angliru erklommen hatte. Er ahnte nicht, dass er der Wahrheit sehr nahe gekommen war. Tatsächlich war es ein Mitarbeiter der Blindenlotterie ONCE, der während einer Wanderung »entdeckte«: Diese sich in giftigen Rampen auf 1.573 Meter über Normalnull hinaufschlängelnde Sackgasse im Süden Oviedos wäre doch wohl prädestiniert, um die Spanienrundfahrt zur spektakulären Tortur zu machen.

So kam es dann auch. Seit 1999 hat die Vuelta stets Top-Einschaltquoten, wenn selbst die Gemsen unter den Profis in diesem Berg zu stehen scheinen – vor allem in der 23,6 Prozent steilen Cueña les Cabres kurz vor dem Gipfel. Fernando Escartin: »Das Problem ist: Bleibt man sitzen, geht das Vorderrad hoch, steigt man aber aus dem Sattel, schmiert das Hinterrad weg.«

Am übelsten erwischte es an diesem Gipfel der Maßlosigkeit wohl Davide Bramati. Zwei Kilometer vor dem Ziel kollabierte seine Schaltung. Da stand er nun im Regen, hatte sein fahruntüchtiges Rad geschultert, nötigte in seiner Verzweiflung einen Motorradpolizisten zum Anhalten, setzte sich auf dessen Gepäckträger und feuerte den überrumpelten Gendarmen an, endlich Gas zu geben: »*Vamos!*« Nach hundert Metern stoppte ein weiterer Polizist das ungewöhnliche Duo. Endlich mit einer unterdimensionierten Ersatzmaschine ausgestattet, kämpfte sich der Italiener gerade noch innerhalb des Zeitlimits ins Ziel.

So ist es immer, wenn die Luft dünn wird: Überleben heißt die Devise. Im Hochgebirge lotet der Radsport die Grenzen menschlicher Leistungs- und Leidensfähigkeit aus. Galibier und Tourmalet, Mont Ventoux und Mortirolo sind das steile Pflaster für die Königsdisziplin des Radsports. Ob im grazilen Wiegetritt oder im Zickzack und mit entgleisten Gesichtszügen: Kletternd kommen die *Coureurs* den Göttern nah genug, um die Menschen träumen zu lassen.

»Du musst nicht verrückt sein,
um den Ventoux hinaufzusteigen.
Aber du bist gewiss verrückt,
wenn du auf ihn zurückkehrst.«
Provençalisches Sprichwort

Es ging mir ziemlich gegen den Strich, dass sie mich den »Engel der
Berge« nannten. Ich war kein Engel. Ich war ein Krieger.

Charly Gaul

Die Berge sind der Gipfel des Schmerzes.

Greg LeMond

Die Tour de France streift an mehreren Punkten
die unmenschliche Welt. In den Bergen hat man schon
den Planeten Erde verlassen.

Roland Barthes

Kletterer leiden genauso viel wie alle anderen.
Aber sie leiden anders. Du fühlst den Schmerz, du fühlst aber auch
die Freude, jetzt genau an diesem Ort zu sein.

Richard Virenque

Nebelverhangene Berge sind perfekt für all jene,
die nicht wirklich sehen wollen,
wie viel Kletterei noch auf sie wartet.

Bradley McGee

Nach einer Bergetappe ist ein Fahrer im Ziel dermaßen erschöpft,
dass er im medizinischen Sinn krank ist.

Erik Ryckaert

Warum ich meine Karriere beendet habe?
Ich hatte absolut keine Lust mehr, mich bei ein paar Grad
unter Null irgendwelche Scheißberge hinaufzuquälen.

Olaf Ludwig

Um sechs Uhr aufzustehen und wie aus der Pistole geschossen
einen Berg hochzufahren, ist Hurerei.

Jacky Durand

80

Der Feind Nummer 1 am Berg ist das Gewicht.

Eddy Merckx

Nirgends ist der Olymp näher als hier.

Urs Zimmermann über L'Alpe d'Huez

Der Ventoux ist ein Gott des Bösen, der seine Opfer einfordert.
Als wahrhaftiger Moloch, als Despot der Fahrer,
verzeiht er niemals den Schwachen und lässt sich
einen übermäßigen Tribut an Leiden bezahlen.

Roland Barthes

Wo ist der Bastard? Wo zur Hölle ist der Verrückte,
der sich das hier ausgedacht hat?

Stephen Roche am Mont Ventoux

Er mag mich nicht, und ich mag ihn nicht.
Es gibt auf der ganzen Welt keinen schlimmeren Berg.

Lance Armstrong über den Mont Ventoux

Wir kletterten keinen Berg hinauf,
sondern einen brennenden Kohlenhaufen.

Raymond Poulidor über den Mont Ventoux

Das Treten hat lediglich bewirkt,
dass ich nicht rückwärts gefahren bin.

Marino Lejarreta über den Mortirolo

Spektakel gehört halt zum Leistungssport, das wollen Fernsehen
und Sponsoren. Den Abfahrtslauf auf der Kitzbühler Streif
sehen sich auch mehr Leute an als ein normales Rennen.
Und der Angliru lockt eben mehr Menschen an die Strecke
als eine x-beliebige Flachetappe.

Jörg Jaksche

Verglichen mit dem Angliru sind alle anderen klassischen Berge des Radsports das reinste Kinderspiel.

José Maria Jimenez

Es ist aufregend zu verfolgen, wenn ein Kletterer auf den richtigen Moment zur Attacke wartet. Jeder andere Angriff lässt sich wieder neutralisieren, aber wenn ein Bergspezialist geht, bleibt den Nichtkletterern keine Gegenwehr.

Ralph Hurne

Wenn einer zuckt, versucht man dranzubleiben. Entweder es geht, oder es geht nicht.

Jan Ullrich

Du willst mit, aber dieser Indurain schaltet einfach einen Gang hoch und bringt dich um.

Richard Virenque

Ich brauche kein Doping, ich brauche Berge, um zu gewinnen.

Marco Pantani

Klettern ist eine Sache des Rhythmus, eine Trance; du musst den Protest deiner Körperteile in den Schlaf zurückschaukeln.

Tim Krabbé

Dein Körper schmerzt. Deine Lungen schmerzen. Du hast das Gefühl, du kannst nicht noch mehr Kraft aus deinen Beinen herauspressen. Und du versuchst einfach nur noch, im Sattel einen guten Rhythmus zu finden.

Ron Kiefel über das Fahren am Berg

Wenn du in einer Saison bis dahin kaum ein Rennen gefahren bist, empfindest du das Erzgebirge genauso hoch wie die Pyrenäen.

Andreas Klöden

82

Ich sag jetzt mal was ganz Flaches: Der Berg wird immer steiler.

Dr. Jürgen Emig

Da steht man kurz vor der Bewusstlosigkeit. Wenn mir einer erzählt, mit Helm ist die Belüftung genauso gut wie ohne, da weiß ich sofort, dass der noch nie mit so einem Dampfkessel auf dem Kopf in den Alpen gefahren ist.

Jens Heppner

Seit ich die rote Laterne trage, höre ich in den Bergen überall nur noch: »*Courage*, Jimmy«. Verdammt nochmal, ich brauche keine *Courage*, ich brauche gute Beine.

Jimmy Casper

Ich im gepunkteten Trikot nach Alpe d'Huez? Das geht ja gar nicht. Eigentlich müsste ich mir eine Regenjacke überziehen.

Rolf Aldag durfte auf der Königsetappe der Tour de France 2003 das Bergtrikot überstreifen, da der eigentliche Träger Richard Virenque im Gelben Trikot fuhr.

Die Berge bedeuten Angst. Angst vor dem Zeitlimit. Angst davor, im letzten Kilometer einzubrechen und die 30 Sekunden zu verlieren, die einen aus der Tour schmeißen.

François Lemarchand

Die Regel lautet: Keinen zurücklassen, es sei denn, jemand ist völlig fertig. Man wartet, nimmt die Beine ein bisschen hoch, macht ihm Mut, und manchmal schieben wir auch einen mitten im *Grupetto*, wo es kein Rennkommissar sehen kann.

Eros Poli

Zum ersten Mal in meiner Karriere kam ich im *Grupetto* ins Ziel.
Ich habe die Hintern von Typen gesehen,
von denen ich bislang noch nicht mal das Gesicht kannte.

Alex Zülle

Irgendwann endet jeder mal im Autobus.
Vom kleinsten Fahrer bis zum größten.

François Lemarchand

In den Händen eines Anfängers ist ein Fahrrad genauso wachsam
und präzise wie eine Wasserwaage, wenn es darum geht, minimale
Höhenunterschiede aufzuspüren.

Mark Twain

Man stelle sich vor, Federico Bahamontes wäre in Amsterdam
geboren. Er wäre wohl Fensterputzer geworden.

Tim Krabbé

Ach Tony, du hast nur eine Heuschnupfenallergie,
aber der Mario hat eine Höhenluftallergie...

Klaus Angermann weist seinen Co-Kommentator Tony Rominger
auf Mario Cipollinis Defizite im Hochgebirge hin.

Kein Berg zu hoch.

Inschrift auf Tom Simpsons Gedenkstein am Mont Ventoux

Wer hat denn die Straße an die Wand genagelt?

Rudolf Scharping über den Tourmalet

Attacke!

»Lieber werde ich Letzter und habe hundert Mal attackiert, als auf Platz 25 im Feld anzukommen, ohne einmal etwas versucht zu haben.« Was wäre der Radsport ohne Fahrer wie Jacky Durand.? Wahrscheinlich eine Mischung aus Schach und einer wenig schmackhaften, italienischen Fußballspezialität namens *Catenaccio*. Nur auf Rädern. Der Radsport lebt von Attacken, mögen die Erfolgsaussichten einer Ausreißergruppe noch so gering sein. Er lebt auch von den Animositäten der Fahrer untereinander – ob die Gegenspieler nun Coppi und Bartali oder Anquetil und Poulidor heißen.

Giovanni Rossi aus dem Tessin war einer, der Attacken liebte. Besonders die unkonventionellen. Einmal spurtete er dem Feld davon, und als er außer Sichtweite war, versteckte er sich hinter einer Häuserecke. Rossi wartete, bis das Feld vorbeiraste und reihte sich einfach wieder hinter dem Peloton ein. Diebisch freute er sich, als die anderen eine verzweifelte Verfolgungsjagd auf den vermeintlichen Ausreißer fuhren.

Aus ähnlichem Holz geschnitzt war der Franzose André Brulé. Als er einmal dem Feld auf und davon gefahren war, signalisierte ihm ein Betreuer, dass er sich einen Vorsprung von drei Minuten auf das Hauptfeld erkämpft hätte. Doch Brulé glaubte ihm nicht. Er hielt an, beäugte seine Uhr und wartete auf seine Verfolger. Als diese schließlich auftauchten, sagte Brulé triumphierend: »Habe ich es doch gewusst, dass es mehr als drei Minuten sind.« Und fuhr anschließend im großen Peloton weiter. Bei einem anderen Ausreißversuch betrug sein Vorsprung satte 15 Minuten, doch bis ins Ziel war es noch ein weiter Weg. Brulé beschloss daher, sich in ein Auto am Wegesrand zu setzen und Ansichtskarten an die Lieben daheim zu schreiben. Ein wenig Muße und Erholung – vor der nächsten Attacke.

Radrennen heißt, den Teller deines Gegners leer zu essen,
bevor du mit deinem eigenen anfängst.

Hennie Kuiper

Ich verstehe mich als Plagegeist für Indurain, Bugno, Rominger,
die durch die Bank auf Taktik schwören
und wenig für das Spektakel tun.

Claudio Chiappucci

Es tut mir weh, wenn ich sehe, was Rominger leistet.
Der ist doch mein Jahrgang. Das könnte ich doch auch noch!

Greg LeMond über Tony Rominger und seine eigenen Verschleißerscheinungen

Meine größte Angst ist es,
mit einem anderen Fahrer verwechselt zu werden.

Claudio Chiappucci

Ich bin wie Chiappucci.
Ich mag es, der Bösewicht im Peloton zu sein.

Richard Virenque

Auf dem Velo ist Virenque ein Tier, da hält ihn nichts zurück und
man muss sich manchmal fragen: Was macht er jetzt wieder?

Alex Zülle

Mir fällt das Herz schon in die Hosen, wenn er mich bloß anschaut.

Willy Trepp über Rudi Altig

Leute wie Ullrich erringen ihre Tour-Erfolge durch ein,
zwei Schlüsseletappen – und ausschließlich beim Zeitfahren.
Ansonsten fahren sie völlig defensiv. Ich hingegen führe
an jedem Berg eine Art Guerilla-Krieg. Das ist
ungeheuer strapaziös, laugt den ganzen Menschen aus.

Marco Pantani

87

Um die Tour zu gewinnen, muss man nur einmal attackieren.
Aber das muss ein KO-Schlag sein.

Miguel Indurain

Ich bin kein Merckx und kein Hinault. Ich kann nicht angreifen wie
sie, sondern muss es mit meinen Mitteln schaffen. Schließlich muss
ich auch 80 Kilo den Berg hochschleppen.

Miguel Indurain über Miguel Indurain

Attackiere stets so spät, wie du kannst,
aber bevor es die anderen tun.

Henri Pélissier

Eine Soloattacke ist die Sache der Intuition und des Gefühls.
Es gibt kein Schicksal, dass dir in irgendeiner Sekunde sagt,
du sollst jetzt attackieren.

Jacky Durand

Solange ich atme, solange greife ich auch an.

Bernard Hinault

Als Bernard attackierte, musste ich plötzlich lachen.

Laurent Fignon über Bernard Hinault

Ich fahre alles kaputt!

Ferdy Kübler

Udo hat noch nie einen Pulsmesser gebraucht.
Der fährt sowieso immer bis zum Anschlag.

Dr. Lothar Heinrich über Udo Bölts

Von dem Moment an, in dem ich meine Rückennummer festmache,
vergesse ich, dass ich eine Familie habe.

Fiorenzo Magni

Kurve für Kurve war ich als Einziger eine mit dem Rad
verwachsene Bestie. Eisen, Blech, Leder, Sattel, Augen,
Lampe, Lenker waren eins mit meinem Rücken, meinem Bauch,
meinem Haufen steifer Knochen.

Antonio Skármeta

Es war wieder einmal Brunftzeit! Jeder wollte das stärkste und
schnellste Männchen sein. Auf der Fläche hat keiner Führungsarbeit
verrichten wollen, am Berg hat aber dann jeder attackiert.

Rolf Järmann

Radsport ist für mich Wettkampf. Wenn es nur darum ginge,
Rädern hinterherzufahren und Zeit totzuschlagen,
würde ich es nicht so mögen.

Laurent Jalabert

Rennen sind eben wie Kriege. Es wird um jeden Millimeter
gekämpft. Man muss wahnsinnig aufpassen.

Patrick Lefevere

Heute war Krieg. Wir haben zwei Männer verloren.

Paul Kimmage

Ich fahre lieber von vorne mit Mut und verliere,
als dass ich diese Hinterradlutscherei betreibe
und irgendwann einen Etappensieg erschleiche.

Erik Zabel

Wenn man im Gesamtklassement noch irgendwo vorne liegt,
lassen die einen nicht wegfahren. Ich habe dann immer einen Engel
und einen Teufel auf der Schulter sitzen: Der Engel schreit: »Auf, los,
attackiere, fahre vorne in der Spitze mit!« Der Teufel ist ganz cool:
»Ach, Junge, mach mal ruhig, es kommen ja noch andere Etappen...«

Raphael Schweda

Mich wundert, dass die meisten Fahrer sich mit der Rolle des
Verfolgers zufrieden geben. Manche beenden die Tour,
manche stehen sogar vor dem Ende ihrer Karriere,
ohne ein einziges Mal angegriffen zu haben.

Jacky Durand

Ich bin fassungslos über die vielen Fahrer,
die immer nur brav folgen. Fast wie Schafe. Sie tun nur,
was ihr sportlicher Leiter ihnen sagt.

Jacky Durand

Der Funkverkehr zwischen sportlichen Leitern und Fahrern ist
tödlich. Er zerstört alles Improvisieren. Er erstickt die Fantasie.

Laurent Jalabert

Was hilft es dir, moralischer Sieger zu sein?
Ich werde so lange auf mein Glück einprügeln,
bis es auf meiner Seite ist.

Jens Voigt

Man muss ihn nur sehen, diesen Jens Voigt: Er ist ein Mann,
den nichts am Platz hält. Wie ein großer Hund,
der an der Tür kratzt, um bei jedem Wetter 'rauszukommen –
und das nicht nur, um Gassi zu gehen.

Liberation

Die anderen sind Ackergäule, ich aber bin ein Vollblüter.

Henri Pélissier

Konkurrenten sind dafür da, dass man besser ist als sie.

Erik Zabel

Elf Sekunden mehr als notwendig.

Jacques Anquetil, nachdem er ein Rennen mit zwölf Sekunden Vorsprung gewann

90

Ich muss schon sagen, dass die Kondition von Johan
gut ist, denn es fällt mir auf, dass wieder Rotz
an seinem Rahmen hängt. Das ist ein gutes Zeichen.

Gästebucheintrag auf der Internetseite von Johan Museeuw

Ich bin ein verflucht harter Rennfahrer,
aber ein verdammt sanfter Mensch.

Johan Museeuw

Das beste Mittel, um Rivalen auszuschalten, besteht darin,
diese einfach in das eigene Team zu holen.

Rik van Looy

Wichtig ist, dass die anderen Teams Angst vor uns haben.

Patrick Lefevere

Wenn unsere Fahrer über einen anderen sagen:
Das ist ein Arsch, dann kommt er nicht in unser Team.

Walter Godefroot

Mit Virenque rede ich grundsätzlich nicht, weil ich ihn nicht mag. Er
ist ein Lügner, der auch noch ein Buch geschrieben hat mit dem
Titel »Meine Wahrheit« – das muss man sich mal vorstellen.

Jens Voigt

Das Feld ist eine wankelmütige Einheit, eine vielfarbige Flamme, die
nur eine Spur von Staub hinterlässt. Es mag nicht gerade achtsam
umgehen mit Nachzüglern, und nicht mehr Mitgefühl und
Feingefühl haben als eine Hundemeute, die einem Fuchs nachjagt.

Laurence Malone

Natürlich ist Radfahren brutal und zermürbend.
Wenn du am Boden liegst, wirst du zertrampelt.

Jens Voigt

91

Wenn du mit 16 Mann vorn bist und du belegst den 16. Rang,
sagen deine Kollegen nach dem Rennen:
»Na gut, bist halt vorn gefahren. Super, Rolf.«
Da kannst du dich bis auf die Knochen blamieren.

Rolf Aldag

Ich habe Spaß am Radfahren, und das heißt für mich,
auch ins Training mal ein bisschen Wettkampfcharakter zu bringen.
Ich guck da nicht auf die Pulsuhr. Wenn's wehtut und ich höre
nebendran einen pumpen, dann trete ich halt noch mal rein.

Udo Bölts

Entkräftete Fahrer werden wie verdorbenes Stückgut behandelt.

Der *Spiegel* zur Tour de France 1992

Ungeschriebene Gesetze oder *Gentlemen Agreements*
gibt es nicht mehr. Diese Zeiten sind vorbei.
Es zählt nur der Erfolg.

Georg Totschnig

1987 habe ich den Giro gewonnen, weil ich meinen Kapitän
Roberto Visentini angegriffen habe. Ich habe die Chance genutzt,
als sie sich bot. Auch das ist der Radsport: Das Heu muss gemacht
werden, wenn die Sonne scheint.

Stephen Roche

Die Rennen haben sich verändert. Niemand spricht,
niemand lacht, du hast keine Zeit, deine Essenstüte herauszuholen.
Man kann nicht einmal pinkeln.

Laurent Fignon

Früher konnten wir uns unterhalten,
ohne dass uns sonst jemand verstand.

Raphael Géminiani

92

Der Radsport hat sich die Ideologie des fairen Sports nie
zu Eigen gemacht, die Ideale der olympischen Bewegung
sind für ihn nie leitend gewesen.

Michael Gamper

Wir leben in einer Leistungsgesellschaft.
Da ist der Zweite schon der erste Verlierer.

Udo Bölts

Der Radsport ist das Versuchslabor für die Ideologie
des Survival of the Fittest.

Urs Zimmermann

Was seid ihr? Ein Radsportteam oder eine Beerdigung auf Rädern?

Wladimir Belli

Egal, wer dich auch angreift – ein Radrennfahrer
gibt die beste Antwort stets mit den Pedalen.

Roger de Vlaeminck

Rache genießt man am besten eiskalt.

Louison Bobet

Nur für Windhunde

»Außer Sprinten kann ich nichts«, ließ Mario Cipollini verlauten, um gleich darauf zu sagen, dass er sich das Mitwirken in schlüpfrigen Filmen durchaus vorstellen könnte. Ob er dort auch weltmeisterlich agieren würde, ist bislang unbekannt, da aussagekräftige Schwarz-weiß-Videos noch nicht an die Öffentlichkeit gelangt sind. Solange verkörpert Cipollini den Rausch der Geschwindigkeit. Allerdings eher beim Zielspurt als bei rasanten Abfahrten oder im einsamen Kampf gegen die Uhr. Und sein Name steht zugleich für die Grenzen der spurtstarken Radler. Denn er kapituliert oft schon vor leichteren Hügeln. Um es in ein Radsportgesetz zu packen: Sprinter sind jene Fahrer, die sich am Ende von Flachetappen an der Spitze des Feldes gegenseitig über den Haufen fahren und die dann bei Bergetappen im berüchtigten »Autobus« am Ende des Feldes ungeahnte Solidarität an den Tag legen, um sich gemeinsam im Kampf gegen das Zeitlimit über die Ansteige zu retten.

Wenn es um das Tempo im Radsport geht, stellen sich vor allem zwei Fragen: Warum können Spanier nicht abfahren? Und was sind diese ominösen Sprinterbeine? Die erste Frage lässt sich nicht ohne weiteres beantworten, da Sportpsychologen in Spanien in erster Linie damit beschäftigt sind, den frustrierten Ersatzspielern von Real Madrid gut zuzureden. Die zweite Frage ist da schon einfacher. Denn Sprinterqualitäten sind das Resultat von Glück und Training. Glück, weil die Millimeterarbeit im Geschwindigkeitsrausch eines Massenspurts oft genug eine Lotterie ist, auf deren Losen »Champagner« oder »Schlüsselbeinbruch« steht. Und Training, weil sich hohe Trittfrequenz und Oberschenkelumfang durch gezielte Übungs-maßnahmen optimieren lassen. Denn die auf der Zielgeraden explodierende Kraft eines Bullen, wie sie sich in der Statur eines Tom Steels manifestiert, ist oft ebenso wenig angeboren wie der niedrige CW-Wert und die Kraft zur Selbstüberwindung, die den guten Zeitfahrer ausmachen.

»Mein täglich Brot
ist Adrenalin.«
Mario Cipollini

Beim Sprinten muss man eigentlich immer cool bleiben.
Ich habe nie Angst. Ich schmiere nur ein bisschen
mehr Gel in die Haare.

Mario Cipollini

Sprinten ist eine Sache des Fühlens, nicht des Denkens.
Du brauchst Vertrauen in dich selbst,
darfst aber niemals zu viel darüber nachdenken.

Jean-Paul van Poppel

Echte Sprinter gibt es nur auf der Bahn.
Wir Straßenfahrer sind allesamt Ausdauersportler.

Erik Zabel

Ich bin gar kein Sprinter.
Der typische Sprinter fährt einen Kilometer und kann vielleicht
noch einen zweiten schaffen, aber dann ist er fertig.

Erik Zabel

Ich bin kein Dschingis Khan. Ich will doch nur Sprints gewinnen
und nicht die Welt beherrschen.

Djamolidine Abdujaparov

Der Sprint ist wie der Pfeil des Amor.
Er durchbricht das Herz jedes Menschen, selbst das gefühlloseste.

Achiel van de Broeck über den Bahnradsport

Es war für mich einfach nicht die Erfüllung,
immer nur im Kreis rumzufahren.

Erik Zabel über den Bahnsprint

Cipollini geht lieber im Feld unter,
als dass er Zweiter oder Dritter wird.

Marcel Wüst

Ich konnte von Anfang an anständig gewinnen.
Aber ich musste erst lernen, mit Anstand zu verlieren.

Erik Zabel

Selbst, wenn es nur noch um Platz 13 geht, wissen die alle genau:
Wenn sie mich ranbringen, geht es für sie nur noch um Platz 14.

Erik Zabel

Wenn man das Grüne Trikot verteidigen will, muss man quasi um
jede Häuserecke sprinten, nur weil da ein Strich auf der Straße ist.

Erik Zabel

McEwen und Cooke fahren wie Fleischer.
Was hier im Sprint abgeht, ist unglaublich.

Olaf Pollack

Vier Kilometer vorm Ziel bis zum Teufelslappen wird am meisten
geschubst, gezogen und geklammert. Denn dann sind die
Motorradkameras raus und die stationären Zielkameras haben uns
noch nicht erfasst – also können uns auch keine Kommissare sehen.

Robbie McEwen

Wir sind wie eine Büffelherde Richtung Ziel gesprintet.

Erik Zabel

Cipollini war bunt, schillernd und grell,
dann hat er die Berge gesehen und sich an den Strand gelegt.
Die Leistung erbringen die, die nach Paris kommen.

Jürgen Kindervater

Mich nicht zur Tour de France einladen?
Das ist so, als ob Michael Schumacher von der Formel 1-WM
ausgeschlossen würde.

Mario Cipollini

97

Michael Schumacher soll sich mal aufs Rad setzen, um zu sehen,
ob es leicht ist, ein Rennen zu gewinnen. Sport ist es für mich,
wenn der Mann zählt und alle die gleichen Bedingungen haben.
Wenn sie mich in einen Ferrari setzen würden, wäre ich schon nach
zwei Stunden besser als viele andere Piloten.

Mario Cipollini

Wer bremst, verliert.

Mario Cipollini

Ich fürchte keine Gegner. Nur das Wetter.

Mario Cipollini

Wenn wir als Kinder Friedensfahrt gespielt haben, wollte ich immer
Olaf Ludwig sein. Als ich dann zum Team Telekom kam, habe ich
noch zwei Monate lang »Sie« zu ihm gesagt.

Erik Zabel

Die Grundregel bei den Sprints lautet: Finde den kürzesten Weg
zum Ziel. Schaffst du das nicht, dann gibt es auch einen guten
Grund dafür, dass du verloren hast. Ausreden gibt es nicht.

Djamolidine Abdujaparov

In all ihrer Furchtlosigkeit sind Sprinter eine ganz besondere Brut.
In Hochform strahlen sie eine Aura der Unbesiegbarkeit aus,
die den Eindruck erweckt, als hätte niemand
jemals so schnell in die Pedalen getreten.

David Walsh

Sprinter faszinieren mich. Es ist nicht ihre Kraft an sich, die mich
beeindruckt, sondern vielmehr die Renaissance, die sie erleben.
Es ist faszinierend zu sehen, wie sie während der Rennen leiden, um
dann im Finale wiedergeboren zu werden.

Miguel Indurain

Ich bin in der glücklichen Lage, die schweren Momente kaschieren zu können. Dadurch, dass ich als Sprinter gehandelt werde, spielt es keine Rolle, ob ich am Berg zwei Minuten verliere oder fünf. Hauptsache, ich falle nicht negativ auf.

Erik Zabel

Jonathan Vaughters beschleunigt wie ein Kühlschrank.

Jens Voigt

Im Einzelzeitfahren muss ich in der Lage sein, eine Stunde lang 400 bis 420 Watt zu treten, was Champions wie Armstrong, Ullrich oder Boardman können. Ich schaffe nur 380 Watt. In gewissen Situationen kann ich aber für zwanzig Sekunden 1200 Watt halten. Das können eben ein Cipollini, ein Steels, ein Blijlevens, ein Zabel.

Erik Zabel

Als Indurain mich überholte, blieb mir der Atem weg. Er radelte nicht, er flog.

Giancarlo Perini bei einem Einzelzeitfahren der Tour de France

Es war wie ein Flintenschuss, als er mich überholte.

Laurent Fignon zum gleichen Einzelzeitfahren

Zeitfahren ist eine wunderschöne Sache – wenn man anderen dabei zusehen darf.

Dirk de Wolf

Abfahrten sind reine Nervensache. Nur haben meine Nerven von Anfang an gedacht: Zur Hölle mit dir und deinen Radrennen.

Tim Krabbé

Auf Abfahrten braucht es keine athletischen Fähigkeiten, nur eiserne Nerven und die Begabung, ein Fahrrad absolut zu kontrollieren.

Ralph Hurne

Bahamontes klettert wie eine Gemse,
aber er fährt ab wie ein Landbriefträger.

Hans Blickensdörfer

Allein das Abfahren geht ganz von selbst.

Miguel Indurain

Radfahren ist naturgemäß eine ständige Abfolge von Abfahrten.

H.G. Wells

Wenn man überhaupt denkt bei der Abfahrt,
dann ist die Sache schon verloren.

Jan Ullrich

Francesco Moser fuhr unglaublich schnell ab.
Er hängte mich in jeder Kurve weiter ab. Es war
mir einfach unmöglich, ihm zu folgen, weil ich nur noch
an eine Sache denken konnte: Ich will noch nicht sterben.

Joop Zoetemelk

Rennfahrerblut ist keine Buttermilch.

Erik Zabel

Ran an die Bremshebel

»Die Knochen sahen aus wie ein Puzzle.« Für Sprinter wie Marcel Wüst gehören Stürze zum Alltag. Und weil das Risiko so selbstverständlich wie hoch ist, neigen manche Fahrer dazu, die Gefahren herunterzuspielen. Andere mussten einspringen, um Kopf und Leben der Fahrer zu schützen: Als Andrei Kivilev im März 2003 nach einem Sturz bei der Rundfahrt Paris–Nizza seinen schweren Kopfverletzungen erlag, verhängte die UCI eine allgemeine Helmpflicht.

Einigen Sportlern ging diese Maßnahme zu weit. Richard Virenque und Jacky Durand beschlossen daher, bei der vierten Etappe der Dauphiné Libéré gegen die Helmpflicht zu protestieren – wenig pietätvoll genau an dem Tag, an dem das Rennen nur wenige Kilometer an jener Stelle vorbeiführen würde, an der Kivilev gestürzt war. Alle Fahrer sollten zwei Minuten lang anhalten und ihre Helme abnehmen.

Das Problem: Nicht alle im Feld wussten von Virenques und Durands Vorhaben, und nicht alle waren mit dem Anliegen ihres Protestes einverstanden. Folglich dauerte die Aktion gerade einmal 30 Sekunden, bis die ersten Fahrer wieder in die Pedalen traten.

Durand war ob dieser Ignoranz so erbost, dass er aufs Rad sprang und eine wilde Attacke lancierte, die jedoch rasch abgewehrt wurde. Schlimmer noch: Der frustrierte Durand fuhr wenig später mit hoher Geschwindigkeit in ein Polizeimotorrad und stürzte spektakulär. Er musste schnell an die Straßenseite springen, um nicht überfahren zu werden. Selten hat sich eine Protestaktion so schnell ins Gegenteil verkehrt.

Radsport ist stürzen und wieder aufstehen.

Walter Godefroot

Wer Angst hat, kann eigentlich gleich einpacken.

Erik Zabel

Sie stürzten auf der Straße, als sie einem Traum vom Ruhm folgten.
Mit dem Verlust ihres jungen Lebens erreichen sie das Licht.

Inschrift in der Kapelle Madonna del Ghisallo

Nach der OP habe ich mich gefühlt wie ein Reifen, aus dem die Luft
raus ist. Zuerst sah ich nur helles Licht, dann die Schemen einer
Frauengestalt. Ich dachte, ich sehe einen Engel. Aber Gott sei Dank
war es nur die Krankenschwester.

Marcel Wüst

Das Problem ist, dass deine Psyche genauso verwundbar ist
wie deine Physis.

Marco Pantani

Ich sah den »Peugeot«-Schriftzug auf meinem Trikot und erinnerte
mich, dass ich ein Radprofi war. Aber bei welchem Rennen?

Bernard Thévenet nach einem Sturz bei der Tour de France 1972

Wer bin ich? Wo bin ich? Ach ja, ich bin bei der Tour, also sollte ich
wieder auf mein Rad steigen und weiterfahren. Wo ist mein Rad?

Djamolidine Abdujaparovs erste Worte nach einem Sturz

Nach dem Sturz sah das Rad von Rebellin aus wie vom Metzger –
völlig zerstört und voller Blut.

Hans-Michael Holczer

Bei uns wurde der Straßenrand noch mit einer Kordel gesichert.

Rudi Altig

Wir fahren ohne Schutz mit Geschwindigkeiten, die kein Autofahrer
ohne Sicherheitsgurt und Airbag riskieren würde.

Laurent Jalabert

Das Betttuch hat am Morgen ausgesehen wie das Bergtrikot
der Tour de France. Und mein Hintern sieht aus
wie ein Teller bunte Knete.

Thorsten Wilhelms

Er ist nervös. Das liegt wohl in der Familie.
Ich habe seinen Vater kennen gelernt – der ist genauso.

Manolo Saíz über Alex Zülles besonderen Hang zu Stürzen

Bei Belokis Sturz hat man sehen können,
wie nah hier Siegchance und Krankenhaus beieinander liegen.

Jörg Ludewig

Erik war böse und hat geschimpft wie ein Kesselflicker – da wusste
ich, dass er sich nicht ernsthaft verletzt hatte.

Walter Godefroot, nachdem Erik Zabel bei Gent–Wevelgem
von einem marodierenden, flämischen Pony zu Sturz gebracht wurde

Sehr geehrter Eric, guten Tag, hier spricht Tintin, dem es
wirklich leit tut, dass er Sie am Mittwoch der letzten Woche
vom Fahrrad gestürzt hat. Ich bin ein recht freundliches Pony,
aber der Helicopter in meinem Rücken hat mich
über die Straße hinüber in meinen Pferdestall aufgejagd.
Die Motorräder haben mich dann noch weiter auf den Weg
mit der Radfahrer gejagd und ich habe Sie auf der Strasse
wehmütig hintengelassen um hinten den Radfahrern zu laufen.

Entschuldigungsbrief des Ponys

Einen neuen Helm kann ich mir kaufen. Einen neuen Kopf nicht.

Udo Bölts

Bei einem Rennen in Gütersloh haben wir uns einmal ziemlich gewundert, warum sich Jens Voigt immer verfahren hat. Wir haben dann gefragt: »Jens, brauchst du eine Brille?« Ihm war das Thema peinlich. Aber er war damals auch zu stolz, eine Brille zu tragen.

Dieter Stein

Als ich an der Spitze vom Omloop van het Westen fuhr, brach plötzlich der Zweite Weltkrieg aus. Das Rennen wurde angehalten, und ich wurde als Gewinner ausgerufen. Das war schon sehr seltsam.

»Briek« Schotte

Hab keine Angst, schnell zu fahren und dich zu verletzten. Du kannst immer noch schwarze Kniestrümpfe tragen, um die Narben zu verhüllen.

Marla Streb

Früher ließ ich mich wie ein Stein ins Tal fallen. Heute habe ich Höhenangst.

Eddy Merckx

Wir waren auf einen Schlag voll besetzt mit blutenden, schreienden Männern.

Jean-Claude Thomas, Besenwagenfahrer bei der Tour de France

Indurain geht in die Geschichte ein als jemand, der niemals Risiken einging.

Het Nieuwsblad

Ein guter Verlierer zu sein, das ist nur ein jämmerliches Ausweichmanöver. Alle guten Verlierer sollten auf Lebenszeit ausgeschlossen werden.

Tim Krabbé

Wenn du Rad fährst, kannst du dich verletzten, impotent werden,
und zur Hölle, du kannst sogar sterben.
Was also ist zu tun? Du musst einfach fahren.

Zapata Espinosa

Das Geheimnis ist ziemlich einfach.
Je langsamer du fährst, desto schneller stürzt du.

Juli Furtado

Ich habe dem Tod ins Auge geschaut. Am Porte d'Aspet
war ich in denselben Sturz verwickelt wie Fabio Casartelli.
Er ist gestorben, ich lag ein paar Meter weiter.
Dann fragt man sich schon sehr genau:
Warum er und nicht ich?

Johan Museeuw

Als Läufer kannst du höchstens mal den Schuh verlieren –
oder den Gummi aus der Hose. Aber bei Radrennen
kann dir so ungefähr alles widerfahren.

Karl-Heinz Kunde

Ich sah etwas durch die Luft fliegen und dachte erst,
es wäre der Magnet vom Tacho. Aber es war dann doch
eine meiner Fingerkuppen.

Mikel Zarrabeitia

Bidons und Musettes

»Wer keinen Magen hat wie ein Schäferhund, kann auch nicht Radprofi werden.« Sagt Udo Bölts. Radsportler gehören zu den glücklichen Menschen, die so viel wie möglich essen und trinken dürfen. Zumindest im Wettbewerb.

Doch was verlockend klingt, hat auch seine Nachteile. Denn zum Frühstück gehören Nudeln, Nudeln, Nudeln. Und Reis. Und Steaks. Kein Wunder, dass Radsportler da schon mal die Nahrungsaufnahme vernachlässigen. Wie Gino Bartali. Der Maurersohn aus der Toscana fuhr im Alter von 24 Jahren der Konkurrenz bei der Tour de France 1938 auf und davon. Zum ersten Mal seit 1925 gewann ein Italiener die Rundfahrt aller Rundfahrten. Zehn Jahre später wiederholte er den Erfolg. Doch trotz aller Erfahrung vergaß er beim Aufstieg zum schneebedeckten Alpenriesen Izoard die richtige Vorbereitung. Er aß zu wenig. Die Folge: der berüchtigte Hungerast.

Die Muskeln machten schlapp, jeder Tritt wurde zur unermesslichen Qual. Doch im eisigen Regen tauchte ein Helfer auf. Ein Zuschauer, der ihm drei Bananen schenkte. Gino Bartali zögerte nicht und mampfte die Südfrüchte. Er überquerte die Ziellinie und bedankte sich: »Ohne diesen Samariter hätte ich das Ziel wohl nie erreicht.«

Doch Radsportler essen nicht nur Bananen, um sich zu stärken. Mitunter geht der Griff auch zu Substanzen aus dem Chemielabor, von denen sich später besser keine Spuren im Urin finden sollten. Das Thema Doping begleitet den Sport seit Jahrzehnten wie die Motorräder des Fernsehens das Feld. Hormone, Amphetamine, EPO. Viele Radprofis wurden als »rollende Apotheken« überführt, aber nur wenige haben die Einnahme von nicht erlaubten Mitteln zugegeben. Das Vertrauen der Öffentlichkeit ist nach großen Skandalen bei der Tour de France und dem Giro d'Italia in den 90er Jahren erschüttert, das Misstrauen fährt mit.

»Bloß nicht zu viel trinken.
Der Trockenste ist der Schnellste.«
Jacques Anquetil

Vor meinem ersten Rennen war ich genauso nervös wie vor
meinem ersten Schluck Guiness.

Sean Kelly

Keine Bananen, viel Kaffee, danke sehr.

Die einzigen Worte, die Ottavio Bottecchia auf Französisch beherrschte

Die Formel ist ganz einfach. Kohlehydrate, Kohlehydrate
und noch mal Kohlehydrate.

Dr. Lothar Heinrich

Die Ärzte haben uns ihre Rechnung auf den Tisch gelegt:
7.000 Kalorien pro Tag brauchen Fahrer, die ein solches Rennen
in Angriff nehmen. 7.000 Kalorien – ich habe nachgesehen –
das sind fast acht Kilo Kartoffeln. Das einzige, was wir
vielleicht auftreiben könnten. Aber welcher Rennfahrer
kann acht Kilo Kartoffeln verdrücken?

Karel Tocl im April 1948 zu den Vorbereitungen der ersten Friedensfahrt

Während der Rennen habe ich einen furchtbaren Hunger,
zwinge mich aber, so wenig wie möglich zu essen.

Jacques Anquetil

Was sagst du da, eine Diät? So ein barbarisches Wort darf in meinem
Haus nicht einmal ausgesprochen werden!

Jacques Anquetil

Ich habe beim Frühstück nichts reingekriegt und heute morgen auf
der Etappe alles wieder rausgebracht. Zweimal hat's mich erwischt
im Sattel, zum Glück war bei dem Gegenwind keiner hinter mir.

Jörg Ludewig

Hätt' ich misch doch dä Fisch nit gejesse.

Hennes Junkermann zu seiner Aufgabe bei der Tour de France 1962

Es gibt zwei Dinge, von denen ich weiß, dass ich sie nicht essen
sollte: Schokolade und Eis. Aber du lebst nur einmal,
also werde ich nur noch Schokolade essen.

John Tomac

An warmen Tagen trinkt man bis zu acht Flaschen,
bei den Bergetappen noch viel mehr. Das Problem ist,
dass irgendwann der Magen rebelliert. Du isst ein Brötchen
und hast das Gefühl, gerade ein ganzes Schwein vertilgt zu haben.
Und 20 Minuten später hast du wieder Hunger.

Raphael Schweda

Wenn du dich während der Rennen nicht ausreichend verpflegst,
fühlst du dich plötzlich, als ob du gegen eine Mauer anfährst.
Es ist, wie wenn ein Kind träumt,
dass es voller Verzweiflung rennt, aber nicht vorankommt,
und es befällt dich eine schreckliche Furcht.

Pedro Delgado

Einmal, bei einer Trainingsfahrt, da erwischte mich der
berüchtigte Hungerast. Es war bei Borna und ich bin hoch auf
einen Birnbaum, habe gleich fünf Birnen in mich
hineingeschlungen. Sowas vergisst du nicht.

Schlagersänger Frank Schöbel

Je länger das Rennen wird und je häufiger du an den
Bier-Werbebanden vorbeirast, desto mehr wünscht man sich
statt der Trinkflasche eine Amstel-Büchse in der Rahmenhalterung.

Udo Bölts über das Amstel Gold Race

Mit 13 Jahren hat Udo schon seine 85 Kilo gewogen –
der war so breit wie lang. Vielleicht hat ihn gerade das motiviert,
Rennfahrer zu werden.

Georg Bölts

Ich bin nicht mit zwölf auf ein Sportinternat gekommen.
Ich habe angefangen, Rad zu fahren, um abzunehmen.

Udo Bölts

Ich bin entrüstet, wenn ich sehe, wie dünn ich früher war.

Eddy Merckx

Eddy Merckx befolgt offenbar noch immer den Ernährungsplan für
Profis und isst 9.000 Kalorien am Tag.

Tim Moore

Als mich mein alter Trainer Eric Schmidt überraschend bei der Tour
de France besuchte, hat er mich beinah nicht erkannt, da ich 25
Pfund leichter war als damals. Ich vermute, dass ich früher mehr
Bier getrunken habe.

Tyler Hamilton

Es gibt auch im Essen Talente:
Jan Ullrich kann mehr essen als andere.

Dr. Lothar Heinrich

Gaby Weis geht seit neun Jahren
mit Jan Ullrich durch dick und dünn...

Kölner Express

Immer diese Diskussionen über Ullrichs Übergewicht.
Das Hochzeitskleid muss mir am Tag der Hochzeit passen
und nicht im Januar.

José Miguel Echávarri

Im Februar kam Bjarne Riis zu den Rennen auf Mallorca
und hatte einen Hintern, der doppelt so breit war
wie später im Sommer.

Alex Zülle

112

Testosteron war für uns ein Grundnahrungsmittel.

Maarten Ducrot

Captagon? Also bitte, damit könnte ich mein Haus tapezieren.
Hormone? Enorm, enorm, enorm viel. Decadurobolin und der ganze
Basar. 50, 100, 200 mg. Natürlich musst du es dir selbst spritzen. Sie
haben mir gezeigt, wie man Darts spielt.

Erik Wijckaert

Ich spreche diesen Drogen ab, dass sie Leistung steigern.
Doping ist eine große Geschäftemacherei. Ich habe
Sportwissenschaft und Radsport studiert und bin überzeugt:
Mit Training kann man mehr erreichen als mit der Apotheke.

Wolfram Lindner über EPO

Einen Radrennfahrer zu dopen ist kriminell, ein Sakrileg,
der Versuch, Gott zu imitieren; so als stehle man Gott
das Privileg der Schöpfung.

Roland Barthes

In ein Radteam gehört kein Arzt.

Paul Köchli

Brigitte Bardot wäre glücklich. Keine Ratten und Meerschweinchen
mehr in den Versuchslaboren. Nehmt doch einfach uns Radprofis.

Alain Bondue

Du Bastard wärst tot, wenn ich dir alles injiziert hätte, was du
wolltest, du Hurensohn!

Willy Voet zu Richard Virenque

Wer sich unter Druck setzen lässt und dann manipuliert,
ist halt nicht stark genug für den Sport.

Udo Bölts

113

Nur ein kompletter Idiot kann glauben, dass ein Radprofi, der 235
Tage im Jahr Rennen fährt, sich ganz ohne Aufputschmittel
beisammen halten kann.

Jacques Anquetil

Wenn es zehn Stück braucht, um einen umzubringen,
dann nehme ich neun.

Tom Simpson

Der Radsport verkommt zum Zirkus.
Wir suchen in Berlin gerade eine Schule mit Bedacht aus,
damit unser Sohn nicht mit Drogen in Kontakt kommt,
und im Beruf seines Vaters nehmen Kollegen Kokain
und versuchen, das mit abenteuerlichen Theorien zu erklären.

Jens Voigt

Wir sind keine Sportler, wir sind Profis.

Rudi Altig

Es wäre reine Blasphemie, ein Kriterium wie den Circuit de l'Aulne
nur mit Mineralwasser zu fahren.

Erwann Manthéour

Wer nichts nimmt, wird nichts.

Dietrich Thurau

Ich nehme nichts, was mich schnell kaputt macht.

Dietrich Thurau

Die Entscheidung zu dopen, fiel mir überhaupt nicht leicht.
Aber wenn man einen dermaßen hohen Trainingsaufwand
betreibt und merkt, dass es nicht einmal für Wohnung,
Essen und Ferien reicht...

Niki Rüttimann

Wenn jemand betrügen will, dann betrügt er.

Dr. Lothar Heinrich

Man kann nicht eine Tour als Fünfter abschließen,
ohne gedopt zu sein.

Giorgio Squinzi

Heute ist der Radsport komplizierter geworden:
wenig Training, viel Apotheke.

Rolf Wolfshohl

Zurzeit ist es doch so, dass jeder, der im Radsport eine Spritze gibt,
ein Mörder ist. Im Fußball dient dies dagegen zur Erhaltung der
Gesundheit und ist ganz normal.

Walter Godefroot

Als Pantani vom Giro ausgeschlossen wurde, da hatte er mehr als
fünf Minuten Vorsprung. Das liegt nicht an EPO. Aus einem
Ackergaul macht man auch kein Rennpferd.

Dietrich Thurau

Strafen sollten abschrecken.
Zwei Jahre Sperre halte ich für angemessen.

Jan Ullrich

Doping ist für mich, wenn einer positiv erwischt wird.

Jan Ullrich

Er nimmt nicht mal eine halbe Tablette,
die nicht vom Arzt verordnet wurde.

Peter Becker im Oktober 2001 über seinen Schützling Jan Ullrich

In der Tour kannst du nicht nur mit Mineralwasser mithalten.

Jacques Anquetil

Ich dope, weil es alle tun.

Jacques Anquetil

Lassen Sie uns doch mit der Heuchelei aufhören.
Doping gibt es überall. Doping gibt es im Radsport nicht mehr
als bei anderen Sportarten oder in der ganzen Gesellschaft.
Was uns im Radsport passiert, ist umso trauriger,
weil wir der meistkontrollierte Sport sind.

Laurent Jalabert

Models schlucken Abführmittel, Künstler koksen,
und selbst die Kaffeetanten dopen ihre 18 Kehlkopfmuskeln mit
Koffein, weil sich sonst der ersehnte Wortfluss nicht einstellt.
Warum sollte ein Radprofi sich vor ein paar kleinen Tabletten
fürchten, wo er doch sein Leben bei 100 Stundenkilometern
19 Millimeter schmalen Gummireifen anvertraut.

Der *Spiegel*

Es wird, wie im richtigen Leben auch, immer welche geben, die
betrügen und manipulieren, um noch ein bisschen mehr
herauszukitzeln – sei es Leistung, sei es Geld. Es wird immer
Steuerhinterziehung geben, und es wird immer Doping geben.

Udo Bölts

Hinterziehen Sie Steuern? Welche Sexualpraktiken bevorzugen Sie?

Jens Voigt auf die Frage eines Journalisten, ob noch gedopt wird

Zülle hat gesagt, er hat's genommen. In dem Zeitraum,
in dem er es genommen hat, ist er scheiße gefahren.
Da soll mir einer sagen, was das für ein Doping sein soll!

Erik Zabel

Epocalypse now!

Sports

Wenn man clean Rennen fahren will,
kann man das maximal an 90, 95 Tagen pro Jahr.

Wolfram Lindner

Dopingmittel machen niemanden zum Champion.
Gäbe es keine, würden wir vielleicht fünf Stundenkilometer
langsamer fahren. Aber es wären immer noch
dieselben Fahrer vorn.

Erwann Manthéour

Doping ist, wie wenn ich eine Bank ausrauben will und der Polizei
vorher sage, kommen Sie um neun Uhr, dann können Sie zugucken.
Die Chance, erwischt zu werden, ist viel zu groß.

Wolfram Lindner

Ich bin doch kein Hund, der öffentlich pinkelt.

Jacques Anquetil über Dopingkontrollen

Ich weiß nicht, was spannender ist: Wer gewinnt
die Tour de France – oder: An welchem Tag kommt die erste Razzia?

Harald Schmidt

Wir waren eine Generation der Verdammten. Jeder hatte sein
Köfferchen mit Zeug. Wenn du nicht ein Mal positiv getestet
wurdest, dann warst du auch kein Radrennfahrer.

José Manuel Fuente

Der Radsport ist ein einziger Drogenmarkt.

Daniel Morelon

Der Festina-Skandal? Zu unserer Zeit war es genau dasselbe.
Den Prozess hätte man vor 40 Jahren genauso führen können.
Nur mit anderen Fahrer- und Produktnamen.

Maurice Moucheraud

118

Ich will den Politikern nichts unterstellen, aber die würde ich manchmal auch gerne fragen: Wenn Sie eine schwierige Debatte vor sich haben, nehmen Sie dann auch mal ein Mittelchen?

Rudi Altig

Sie haben mich drei Jahre lang mit Kortison gedopt.
Heute sieht man das Resultat:
Ich kann kaum noch mit dem Rad fahren.

Bernard Thévenet

Lieber gehe ich mit 40 mit meinen Kindern
noch am Strand spielen als ans Dialyse-Gerät.

Jens Voigt

Das Frühjahrstraining kommt dir vor, als würdest du Opium aus dem eigenen Körper holen. Plötzlich ist der Kopf ganz klar.

Jan Ullrich

Ein Rad ist ein Rad ist ein Rad...

In erster Linie ist das Fahrrad ein Fortbewegungsmittel für Menschen, die von einem zum anderen Ort kommen wollen. Wenn man heute allerdings ein Fahrradgeschäft betritt, drängt sich der Eindruck auf, dass die Räder samt Zubehör in erster Linie dazu dienen, anderen Fortbewegungsmitteln zu imponieren. »Hey Jeep, du willst bergtauglich sein? Dann schau mal meine Federgabeln an!« So unterschiedlich die Preisklassen ausfallen, so verschieden sind auch die einzelnen Rädertypen: vom Bonanza-Rad zur futuristischen Rennmaschine, vom Trekking-Rad zum Holland-Rad. Da kann man schon mal den Überblick verlieren.

So wie Miguel Indurain. Nach dem Karriereende beschließt der Spanier auf Rat seines Trainers Sabino Padilla, sich ein Rad zu kaufen. Um etwas für seine Gesundheit zu tun. Es ist das erste Rad, das er seit 17 Jahren mit eigenem Geld kaufen möchte. Indurain sucht ein Fahrradgeschäft in Pamplona auf. Der überraschte Verkäufer, der seinen Kunden natürlich erkennt, fängt bald mit Erklärungen an. Über die Auswahl der Gabeln, Schaltgruppen, Laufräder und so weiter. Bald merkt er, dass Indurain nur Bahnhof versteht und lässt ihn mit der großen Auswahl allein. Indurain entscheidet sich für ein Mountainbike, als er aber den Preis sieht, muss er nach Luft schnappen: »Was? Das Rad kostet eine halbe Million Peseten?« Der fünfmalige Sieger der Tour de France verlässt den Laden mit der Ankündigung, noch einmal über die Anschaffung nachdenken zu müssen und vielleicht nächste Woche wiederzukommen. Er kommt wieder. Und kauft sich ein Cannondale R4000, das Beste vom Besten.

Das Fahrrad hat viele Zeitgenossen fasziniert. Nicht nur die Profisportler. Schriftsteller, Politiker und andere Menschen, die sich in ihrer Kindheit mit Stützrädern abquälten, haben sich so ihre Gedanken gemacht. Über die Mechanik, die Technik, das Aussehen. Und den tieferen Sinn des Rades als Fortbewegungsmittel.

»Alles ist Fahrrad.«
Stephen Crane

Ich liebe das Fahrrad, weil es mir eine Seele verliehen hat,
mit der ich es verstehen kann. Ist es in der Menschheitsgeschichte
nicht die erste Leistung eines intelligenten Wesens, sich von den
Gesetzen der Gravitation zu befreien?
Seht her, ich habe Flügel!

Henri Desgrange

Das Pferd, das kein Heu braucht.

Eine der ersten französischen Fahrradwerbungen

Meine Herren, ich sage nur eins,
das Fahrrad wird niemals das Pferd ersetzen,
andererseits wird das Pferd auch niemals das Fahrrad ersetzen,
weil es nichts Schöneres gibt, als ein Pferd auf einem Fahrrad!

Groucho Marx

Zehntausende, die es sich niemals hätten leisten können, ein Pferd
zu kaufen, durchzufüttern und unterzubringen, kamen durch diese
glänzende Erfindung in den Genuss der schnellen Fortbewegung.

Frances Willard

Mein erstes schönes Rad habe ich erst als Profi bekommen.

Bernard Hinault

Es war das Rennrad, das meinem Leben einen Sinn gegeben hat.

Mario Cipollini

Wieso kauft so ein Mensch sich ein Fahrrad?
Es ist wohl dasselbe wie früher mit den Pferden und den Gewehren:
um hinterher Heldengeschichten, Lügengeschichten zu erzählen.

Benjamin Heinrichs

Nichts ist vergleichbar mit der einfachen Freude, Rad zu fahren.

John F. Kennedy

Eine Fahrt mit dem Rad ist ein Flug aus der Traurigkeit.

James E. Starrs

Besorg' dir ein Fahrrad. Wenn du lebst, wirst du es nicht bereuen.

Mark Twain

Wer immer das Fahrrad erfunden hat,
ihm gebührt der Dank der Menschheit.

Charles Beresford

...und Gott schuf das Rad, auf dass es dem Menschen
auf der harten Straße des Lebens
als Werkzeug der Mühsal und der Leidenschaft diene.

Inschrift eines Denkmals an der Kapelle Madonna di Ghisallo

Sieh an, wie ein Zweirad in Bewegung und Fahrt gesetzt wird.
Wenn du deinen Willen so in Bewegung und Fahrt
zu setzen vermagst, so wirst du nach einigen Schwankungen
wie ein Meister im Sattel sitzen.

Christian Morgenstern

Als ich mein erstes Rad bekam, war ich der glücklichste Junge in
Liverpool. Wahrscheinlich sogar auf der ganzen Welt.

John Lennon

Genau wie das Ideal der klassischen griechischen Kultur auf die
Harmonie von Körper und Geist abzielte, so bilden der Mensch und
das Fahrrad eine perfekte Synthese aus Körper und Maschine.

Richard Ballantine

Radfahren – der Sport des Jahrhunderts – Mechanik,
die gemeinsam mit dem fabelhaften Wesen des Menschen
über Zeit und Raum triumphiert.

La Gazetta dello Sport

Wenn ich einen Erwachsenen auf einem Fahrrad sehe,
ist mir um die Zukunft der Menschheit nicht mehr Bange.

H.G. Wells

Ist es nicht viel besser, einfach mit der Kraft der eigenen Muskeln zu
triumphieren, als mit der künstlichen Kraft einer Kettenschaltung?
Was mich betrifft: Gebt mir ein Rad mit einem Gang.

Henri Desgrange

Ein Rad aus der Maßschneiderei ist kein Snobismus,
sondern nur vernünftig, wenn man keinen Rückenschaden will.

Friedrich Küppersbusch

Radfahren ist eine hervorragende Sache für die Jugend.
Es hält sie von der Straße fern.

David Bean

Radfahrernaturen beherrschen die Gesellschaft,
Autofahrernaturen die Straßen.

Fritz P. Rinnhofer

Radfahrer sind die einzigen sympathischen Leisetreter.

Ernst Schröder

Ich kann mir keinen aufrichtigen, ehrbaren Menschen vorstellen,
keinen Mann und keine Frau, keinen Jugendlichen und keinen
Alten, keinen Heiligen und keinen Sünder, der dem Fahrrad
widerstehen kann.

William Saroyan

Auch wenn das Leben als Profi sehr hart und manchmal
sogar grausam ist, so ist meine Liebe zum Fahrrad
immer noch so stark wie am allerersten Tag.

Stephen Roche

Eine Kindheit ohne Fahrrad ist wie ein Segelboot ohne Wind. Ein Fahrrad hat die Anmut und die Ausdruckskraft, um den zerbrechlichen Momenten der Kindheit wogende Fröhlichkeit und eine transzendentale Unschuld zu verleihen.

James E. Starrs

Wenn du niedergeschlagen bist, wenn dir die Tage immer dunkler vorkommen, wenn dir die Arbeit nur noch monoton erscheint, dann setz dich einfach auf's Fahrrad, um die Straße herunterzujagen, ohne Gedanken an irgendetwas außer an deinen wilden Ritt.

Arthur Conan Doyle

Das Fahrrad ist schon ein kurioses Vehikel.
Sein Passagier ist zugleich sein Motor.

John Howard

Die schiere Existenz des Fahrrads ist ein Affront
wider die Vernunft und Weisheit.

P.J. O'Rourke

Ich gewöhnte mir an, mein Fahrrad meinen Freund zu nennen.
Ich führte mit ihm stumme Unterhaltungen.

Henry Miller

Mit dem Säubern des Rads verhält es sich wie mit dem Reinigen der Toilette. Wenn du es regelmäßig machst, ist alles in Ordnung. Wenn du wartest, ist es eine wahrhaft ekelhafte Erfahrung.

Steve Gravenites

Der große Vorteil beim Fahrradfahren:
Man kann ab und zu den Hintern lüften und einen fahren lassen.
Man muss damit nicht wie beim Autofahren warten,
bis man zufällig an einer Kläranlage vorbeikommt.

Christian Überschall

An dem Tag, an dem ich diesen Sport verlasse, werde ich sterben.

Mario Cipollini

Schlägt wohl irgendwo auf der Welt ein Herz so kalt,
dass es das Radfahren nicht lieben kann?

Scott Martin

Von allen Dingen, die ich kenne, kommt das Fahrradfahren dem
Flug der Vögel am nächsten. Das Flugzeug trägt die Menschen nur
auf seinem Rücken, ähnlich einem folgsamen Pegasus.
Es verleiht uns aber nicht selbst Flügel.

Louis J. Halle

Die Relativitätstheorie?
Ist mir eingefallen, während ich Fahrrad gefahren bin.

Albert Einstein

Der Radsport ist Kunst und Poesie.

Santiago Botero

Radrennen ist Kunst – eine Kunst, die von Leidenschaft, Emotionen
und Ungewissheit entfacht wird.

Chris Carmichael

Meine Seele, mein Körper und mein Rad harmonieren.

Stephen Roche

Das Fahrrad ist ein neues Körperteil. Es gleicht einer mineralischen
oder metallischen Verlängerung unserer Knochenstruktur.

Alfred Jarry

Das Rad hat eine Seele. Wenn du es schaffst, das Rad zu lieben,
dann schenkt es dir Emotionen, die du nie wieder vergisst.

Mario Cipollini

Ich handele mir immer Lacher von den Kollegen ein,
wenn ich erzähle, dass ich mich darauf freue, nach der Saison nur
zum Genuss Radtouren zu fahren. Die können erst mal keine
Speichen mehr sehen, aber für mich ist das das Größte.

Rolf Aldag

Erst heute verstehe ich, dass es nichts Schöneres auf der Welt gibt,
als langsam Rad zu fahren.

Gerrie Knetemann

Das Wetter muss schon scheußlich sein,
damit ich das Rad in der Garage lasse.

Gustav Kilian

Ich verstehe nicht, warum Diebe eine Uhr klauen, wenn sie doch
auch ein Fahrrad stehlen könnten.

Flann O'Brien

Das Fahrrad ist das zivilisierteste Fortbewegungsmittel,
das wir kennen. Andere Transportarten gebären sich täglich
albtraumhafter. Nur das Fahrrad bewahrt sein reines Herz.

Iris Murdoch

Dass Radfahrer eben noch das freundlichere Wort für Arschkriecher
war, ist heute schon fast wieder vergessen.

Joseph von Westfalen

Sonne in den Speichen sieht nur einer, der sein Rad selbst bewegt.

Hans Blickensdörfer

Bildnachweis

Sportimage:
Cover, 25, 61

Hans A. Roth:
Umschlagrückseite, 8, 17, 30, 37, 52,
64, 86, 93, 102, 105, 114, 121

Burkhard Diederichs:
42, 72, 79,
109, 128